8 LIÇÕES DE
HISTÓRIA ECONÓMICA

TÍTULO ORIGINAL:
8 Leçons d'Histoire Économique

© Odile Jacob, Outubro 2012

Direitos reservados para Portugal e países africanos de língua oficial portuguesa

AUTOR
Jean-Marc Daniel

CONJUNTURA ACTUAL EDITORA
Sede: Rua Fernandes Tomás, 76-80, 3000-167 Coimbra
Delegação: Avenida Fontes Pereira de Melo, 31 – 3º C - 1050-117 Lisboa - Portugal
www.actualeditora.pt

TRADUÇÃO
Jorge Costa

REVISÃO
Pedro Bernardo

DESIGN DE CAPA
FBA

NA CAPA:
Suplicantes no gabinete de dois cobradores de impostos, quadro do estúdio de Quentin Massys
© Christie's Images-Corbis/Corbis/ VMI

PAGINAÇÃO
Nuno Pinho

IMPRESSÃO E ACABAMENTO:
PENTAEDRO, LDA.
Janeiro de 2022

DEPÓSITO LEGAL
362451/13

Toda a reprodução desta obra, por fotocópia ou qualquer outro processo, sem prévia autorização escrita do Editor, é ilícita e passível de procedimento judicial contra o infrator.

Biblioteca Nacional de Portugal – Catalogação na Publicação

DANIEL, Jean-Marc, 1954-

8 lições de história económica. – (Fora de coleção)
ISBN 978-989-694-051-5

CDU 33

JEAN-MARC DANIEL

8 LIÇÕES DE
HISTÓRIA ECONÓMICA
CRESCIMENTO, CRISE FINANCEIRA,
REFORMA FISCAL, DESPESA PÚBLICA

ÍNDICE

Introdução 11
A economia ao serviço do bem social 11
Princípios universais 13
Quantificar a realidade social 14
A história, matéria experimental do economista 15
Duras lições 17

Lição 1. No princípio era a bancarrota 21
Na origem da economia política 21
Primeira dívida, primeiros dramas 23
De Roma a Constantinopla 24
Nascimento do Tesouro e dos bancos... 25
S. Luís face aos banqueiros genoveses 26
Eduardo III de Inglaterra e o Estado ilíquido 29
«Juros» e juramentos traídos 30
D. João III de Portugal inventa as «despesas de futuro 32
Acabar com a bancarrota... 34
... porque ela representa um risco político 36
A última bancarrota da França: os «dois terços»... 37
Dívida inviolável e banco central 38
Hamilton ou Wilson, era a questão... 40
Que reter de tudo isto? 42

Lição 2. A imaginação infindável do fisco 45
O imposto interior substitui-se ao saque externo 45
Todos os caminhos vão dar a Roma 46
Todos os caminhos económicos vão dar a Inglaterra... 47
A «bougette» entra em cena 49
A taxa óptima e as missões do imposto 51
Vauban, primeiro teórico da fiscalidade moderna 54
O século XVIII não gosta de Vauban... 56
... e torna-se decididamente inglês! 57
Ser pago... em palavras 59

8 | 8 LIÇÕES DE HISTÓRIA ECONÓMICA

Do imposto às «contribuições» 60
Simplificar ou ser justa: fiscalidade indiciária
e fiscalidade declarativa 61
Portas, janelas, chaminés... 63
Fiscalidade moral: a creche de Haifa 65
Baixar os impostos 66
Receitas não fiscais 67
Conclusão: a fiscalidade moderna 69

Lição 3. Gastar com os pobres 75
Maquiavel e Rousseau contra a despesa pública 75
Boas intenções 77
E a visão liberal em acção (em Inglaterra, evidentemente) 79
Mais inércia histórica: a lei de Wagner 81
Quadro 1 83
Luta de classes ou luta contra a casta... burocrática 84
«Exigir mais ao imposto e menos ao contribuinte» 85
Que fazer dos «hâteurs de rots»? 86
Despesa pública e burocracia 87
Quadro 2 88
Despesas públicas e despesas sociais 90
Do Welfare State ao Estado Social? 92
Impacto económico da despesa pública 94
Voltar a Musgrave 97
Conclusão 98

Lição 4. É preciso reencontrar o crescimento! 101
O crescimento segundo Kuznets 102
O crescimento é uma atitude mental 103
O êxodo rural alimenta o crescimento 105
Progresso técnico e a figura do empresário 107
Destruição criadora e ciclo de Kondratieff 109
Combater os luditas 112
Clinton tinha razão 113
Os fisiocratas e a energia 115
Indispensável concorrência 116
Liberdade, querida liberdade... económica 120
Conclusão 122

Lição 5. Uma moeda sólida 125
Moeda, quem és tu? 125
As águas do Pactolo 126

O solidus de Constantino 127
O início do franco 130
Porquê o dólar? 131
Moeda moderna: depósitos e créditos; créditos e depósitos 131
Inflação e moeda 135
Teoria quantitativa da moeda 136
Vantagens da inflação? 138
Malefícios da inflação 140
Acabar com a inflação: congelar os preços 142
Acabar com a inflação: endurecer a política monetária 143
Inflação pela procura, inflação pelos custos 146
Inflação pelos custos e curva de Phillips 147
Curva de Phillips e política de rendimentos 148
Inflação de direita, inflação de esquerda 149
Inflação patológica, inflação de guerra 151
... e hiperinflação de paz! 153
Conclusão 155

Lição 6. Salvar a banca, não os banqueiros! 157
Matemática financeira 159
Especulação e monetização da dívida pública 160
A esquerda e a barreira do dinheiro 162
As crises dos países emergentes 165
Tulipa e dinheiro 170
Papel da regulação: salvar os bancos, não os banqueiros. 173
Conclusão 176

Lição 7. As ambiguidades do proteccionismo 179
O que é o mercantilismo? 180
Defeitos e contradições do mercantilismo 183
A economia ao serviço do Estado 184
Proteccionismo e comércio livre 185
A Inglaterra na linha da frente do livre-cambismo 188
«Made in Germany» 189
... e preferência imperial 191
Proteccionismo yankee 191
França liberal e França proteccionista: a temível
concorrência do Sol 193
Deslealdade chinesa 195
Missão de espionagem industrial 197
O «perigo amarelo» 198
Conclusão 199

Lição 8. Acabar com as guerras monetárias 203
A história monetária segundo o prisma do triângulo de Mundell .. 203
O privilégio exorbitante 211
Não há rival para o dólar 212
Voltar ao ouro? 214
Guerra monetária e desvalorização 216
Conclusão 218

Conclusão 221

INTRODUÇÃO

O debate económico tem a particularidade de toda gente se sentir no direito de nele participar. Frequentemente escarnecido, o economista é na realidade invejado, na medida em que toda a gente está convencida de que tem opinião sobre a sua matéria, opinião que gostaria, na melhor das hipóteses, que o economista partilhasse, ou, na pior, de lha impor. Para legitimar a economia e tentar torná-la incontestável, os economistas, conscientes do problema que o reconhecimento do seu saber levanta, tentaram proceder de forma científica. No seu método, inspiraram-se nas ciências exactas, primeiro na matemática, depois na física.

A assimilação da economia às matemáticas apareceu logo desde as primeiras teorias organizadas. O primeiro professor de economia da história, o inglês William Nassau Senior, discípulo de David Ricardo, começou o seu primeiro curso, em Dezembro de 1826, afirmando duas coisas.

A economia ao serviço do bem social

A primeira foi que, se aceitara ensinar economia numa universidade, quer dizer, numa estrutura que vive de dinheiros públicos, era porque formara a convicção de que a economia era uma ciência, e que a sua mensagem não era propaganda ao serviço deste ou daquele grupo político, mas sim um meio de difundir um saber capaz de melhorar o bem-estar social.

Senior sustentava o seu ponto de vista, declarando: «Ninguém é economista se for proteccionista». É uma frase fundamental para quem queira compreender o que é um economista e o que dele se pode esperar. Com efeito, Senior – como a maior parte dos seus contemporâneos – vivia num mundo profundamente proteccionista e cujos responsáveis não hesitavam em proclamar-se como tal. (Reencontrá-los-emos, estes defensores do proteccionismo, na Lição 7.) Senior não os acusava de incompetência ou estupidez. Dizia apenas que o economista estabelece que o comércio livre, ao fazer baixar os preços, melhora o poder de compra de todos, ao passo que o proteccionismo, impedindo a concorrência, beneficia certos sectores. O economista considera que o seu papel é conceber as políticas que melhorem a situação global da população. O proteccionista é aquele que escolhe favorecer uma parte da população em detrimento doutra, escolha que, não sendo justificável do ponto de vista económico, encontra outras justificações – políticas, éticas ou religiosas.

Os proteccionistas ingleses da época de Senior conheciam as teorias dos economistas, mas escolhiam defender a produção nacional de trigo por duas razões: em primeiro lugar, para garantir o poder, a riqueza e o estatuto social dos proprietários de terras, em geral nobres; depois, para terem a certeza de que, em caso de novo bloqueio continental, como o que foi imposto por Napoleão, a Inglaterra estaria em posição de alimentar a sua população. O economista fornece um veredicto em termos de custo de produção e poder de compra; o decisor político escolhe, tendo em conta outros parâmetros. O rigor científico obriga o economista a não procurar justificar a acção do decisor por meio de teorias falsas e a fornecer-lhe os meios de apreciar as consequências dos seus actos.

Princípios universais

A segunda afirmação de Senior é a de que, tal como a matemática, a economia é axiomática. Axiomática significa que se estabelecem os princípios de base, chamados axiomas e considerados por todos como representativos da realidade. De seguida, raciocina-se de forma lógica para retirar consequências desses axiomas. Senior estabeleceu, pois, quatro axiomas em torno dos quais construiu o desenrolar do seu curso. Esses axiomas pretendiam-se intemporais e desprovidos de qualquer referência nacional. Não é inútil lembrá-los aqui.

O primeiro é aquilo a que se chama o princípio hedonista, isto é, a ideia de que cada um age segundo o seu interesse, ou ainda o de que cada um procura nos seus actos aumentar a sua satisfação e reduzir a pena. Em *Os Subterrâneos do Vaticano*, André Gide, cujo tio era um economista conhecido no final do século XIX, interroga-se sobre o «acto gratuito» (no caso do livro de Gide, trata-se de um acto criminoso). Chega à conclusão de que o acto gratuito é uma ilusão: o homem age sempre por interesse.

O segundo princípio, que pretendia ser à época uma refutação das teses de Malthus, é o de que a população nunca é demasiado numerosa, pois os mecanismos de mercado, por via do aumento dos preços dos bens de consumo tornados raros, conduzem os homens a reagir, ou aumentando a produção, ou recorrendo a uma produção de substituição, ou ainda desencadeando o autocontrolo demográfico. O terceiro princípio é o de que a economia está sujeita ao princípio dos rendimentos decrescentes. O quarto é o de que a produtividade é crescente. Estes axiomas estão sempre no centro da ciência económica, ainda que a sua formulação literária ou matemática tenha oscilado ao longo do tempo. Por exemplo, a teoria dos rendimentos decrescentes exprime-se frequentemente nos manuais contemporâneos pela afirmação de que o custo marginal é crescente. Ainda que Senior não falasse de custo marginal, no fundo não dizia outra coisa.

Estabelecendo estes axiomas, Senior indicava que a economia só poderia ser refutada de duas maneiras: ou destacando uma contradição interna entre os seus encadeamentos lógicos, com o aparecimento de dois resultados demonstrados contraditórios; ou fazendo aparecer um resultado tão manifestamente contrário ao bom senso ou à experiência quotidiana das populações que teria levado a uma revisão dos axiomas de partida. Senior lembrava que o axioma de Euclides sobre as paralelas encontra a sua razão de ser na construção geométrica que ele permite e, depois, no uso quotidiano que os engenheiros e arquitectos fazem dessa geometria. Para ele, o mesmo se passava com os axiomas da organização económica: a sua validade assenta na eficácia das políticas económicas que saem das recomendações construídas a partir de tais axiomas.

Quantificar a realidade social

A geração seguinte de economistas, que deu origem à escola neoclássica, conservou essa abordagem e até a ampliou. William Stanley Jevons, economista inglês do século XIX, o primeiro a considerar que a economia não podia contentar-se com uma expressão literária e exigia uma formulação rigorosamente matemática, costumava dizer: «Para Galileu, a natureza é um livro escrito em linguagem matemática; para mim, a sociedade também é um livro escrito em linguagem matemática». Com a simples diferença de que a obra de Galileu teve necessidade, para atingir a completude, da matemática de Newton; a de Jevons, das matemáticas de Lagrange e Laplace.

Para Jevons, compreender os mecanismos sociais que as teorias económicas analisam supõe, para que não nos percamos em detalhes e não sobrestimemos aspectos secundários da realidade, que se quantifique a dita realidade social e se definam – antes de toda a reflexão – alguns conceitos precisos, que permitem dar conta das relações sociais. Projectava o seu método como decalque do método do físico, mais do que do método do matemático. Concebia um raciocínio económico em três fases: uma fase de observação que permite construir hipóteses, uma fase de formulação dessas hipóteses na forma de teoria e, por fim, uma fase de verificação experimental das ditas teorias, que em economia assenta na quantificação da realidade, através da verificação estatística e da modelação econométrica.

Jevons – e imediatamente a seguir os neoclássicos – mudaram de referencial metodológico, pois os instrumentos de que dispunham melhoraram desde o período de Ricardo e Senior. O desenvolvimento, primeiro, da estatística matemática, depois, da econometria e, a partir de meados do século XX, a generalização da informática abriram a possibilidade de se construírem modelos reunindo centenas de equações e permitindo uma descrição cada vez mais detalhada da realidade.

Raciocinar como um físico é, antes de mais, identificar os actores que concorrem para a dinâmica económica, quer dizer, para criação de riqueza. É, depois, estabelecer as ligações entre dados quantificáveis que vão caracterizar os comportamentos desses actores; essas ligações podem relevar quer da evidência e ser por todos admitidas – como, por exemplo, a igualdade entre a oferta e a procura –, quer da análise e da reflexão do economista; tornam-se então leis da economia e exigem a sua verificação. É, por fim, proceder a essa verificação: quando o físico quer verificar a pertinência das leis que estabeleceu, procede a uma experiência; já o economista não pode fazer experiências no seu campo de estudo, pois o homem é o seu centro. A matéria experimental do economista é, portanto, a história.

A história, matéria experimental do economista

Esta pode ser considerada um eterno recomeço, onde ciclos longos ou curtos se encadeiam, tornando previsível o futuro, no sentido em que este mais não seria do que uma reprodução infinita do passado. Pode-se, pelo contrário, ter uma visão puramente linear da passagem do tempo, segundo a qual, para retomar a imagem de certos filósofos gregos, nunca nos banhamos na mesma água.

Utilizar a história como fonte experimental da ciência económica é adoptar uma posição intermédia. O destino humano transcorre, há progressos materiais e técnicos, por vezes recuos, mas fundamentalmente os axiomas de Senior permanecem sempre actuais. O modelo de homem, movido pelo seu interesse e sujeito aos rendimentos decrescentes, que ele combate graças ao progresso técnico, é válido para todas as épocas. Trata-se apenas de fazer bom uso desse modelo, para dele retirar ensinamentos sem cair no anacronismo. Face a asserções taxativas que podem satisfazer simultaneamente o que é esperado pelas populações e cuja aceitação conferiria aos economistas um certo sucesso, estes últimos não desempenharão a sua missão a não ser que as julguem, submetendo-as ao crivo triplo da sua conformidade à realidade observada, às teorias existentes e à verificação econométrica.

Vejamos um caso concreto: é sedutor para os políticos recorrer à noção de relançamento do crescimento pelo consumo e, desde há três décadas, os nossos dirigentes, sejam de esquerda ou de direita, não hesitaram em fazer uso dela. Pretender que, aumentando-se os salários, para se aumentar a procura, se reduz o desemprego faz parte das ideias regularmente introduzidas no debate político. Porém, tal afirmação parece, em muitos aspectos, enganosa. Primeiro, ela fere o bom senso – se fosse assim tão simples não se compreende porque é que os governos não impõem aumentos salariais; com efeito, segundo essa visão da economia, tais aumentos satisfariam toda a gente: os assalariados, que viam o seu poder de compra aumentar, os desempregados, que reencontravam trabalho, as empresas, que multiplicavam os seus mercados, o Estado, que beneficiava das receitas fiscais com essa dinâmica económica acrescida.

Sobretudo, entra em conflito com os trabalhos dos economistas, tanto de reflexão como de verificação histórica. Em tais condições, estes não devem contentar-se com a reacção de denúncia do sofisma. E, de facto, tiveram de empreender um autêntico trabalho científico, procedendo primeiro à identificação do consumo na economia, das suas relações com outros parâmetros, designadamente o crescimento, da natureza das suas relações em termos de causa e efeito. Tiveram, depois, de proceder a exames estatísticos e econométricos para verificar a pertinência das afirmações propostas.

Duras lições

Apesar dos sarcasmos que as previsões dos analistas de conjuntura, desmentidas pela realidade, inspiram regularmente, apesar das diatribes ideológicas contra a economia de mercado, que garantem aos que as pronunciam a simpatia de uma parte do corpo social, a ciência económica adquiriu, se não a certeza, pelo menos uma forte segurança sobre o que é preciso fazer e evitar para se atingirem certos resultados. A passividade assassina das autoridades monetárias americanas dos anos 30 face à deflação, passividade que conduziu ao desemprego em massa no mundo industrializado, deixou de ser possível e já nenhum banco central cometeria tais erros.

O problema da verdade económica é menos o da sua ausência de absoluto do que o facto de ser ela frequentemente difícil de admitir. Em 1852, o economista liberal Gustave de Molinari escrevia: «Infelizmente, a economia política não tem hoje acolhimento. Faz-se-lhe expiar rudemente a persistência incómoda com que ela repete a todos, governantes e governados, operários e senhores, ricos e pobres, verdades que parecem tão pouco agradáveis de ouvir. É deixada fora do programa de ensino oficial, ou, se lhe é permitido entrar, é ao lado do tibetano (*sic*) ou do sânscrito» (¹). A observação permanece actual. Aquilo de que sofre a economia é o desconhecimento que a rodeia e a poluição da sua mensagem por tomadas de posição que parecem fascinar tanto mais o público quanto mais falaciosas forem. É fácil suscitar o entusiasmo contra o egoísmo do mercado ou encontrar apoio para a denúncia da nocividade deste ou daquele imposto. Mas é mais austero e mais ingrato tentar fazer compreender as teses de Coase sobre a dimensão óptima da empresa, levar alguém a interrogar-se sobre o tratamento das externalidades em Pigou, demonstrar o teorema de Debreu-Arrow ou mais simplesmente definir as missões do Estado.

O objectivo deste livro é analisar certas afirmações da ciência económica, confrontando-as com a realidade histórica. Se as matemáticas podem ser acusadas de isolar porque são frequentemente mal compreendidas, a história pode aproximar, quando é contada.

Viagem no tempo

Vamos pois partir para uma longa viagem no tempo, que não será cronológica mas temática, que não será exaustiva mas ilustrativa. Cruzar-nos-emos com o futuro imperador Constantino, ao fundar na Alemanha do século IV uma moeda sólida (o *solidus!*), e D. João III de Portugal, endividando-se no século XVI para financiar «despesas de futuro»; veremos Necker a bater-se em 1780 contra *hâteurs de rots* (²) e o imperador bizan-

---

(¹). Extraído de um artigo sobre Charles Coquelin, publicado no *Jorunal des économistes*, Setembro-Outubro de 1852.

(²) *Hâteur de rots*, função identificada por Necker entre os empregos da Casa Real, que ninguém sabe ao certo em que consistia, podendo significar «apressador de arroto», e nesse caso tratar-se-ia de funcionários cuja função era dar pequenas pancadas nas costas do rei, após a refeição, para lhe facilitar a digestão e a eructação, ou, alternativamente, «atiçadores de fogo», que cuidavam da qualidade da confecção dos assados na cozinha real. Em todo o caso,

tino Justiniano a roubar bichos da seda a uma China que acumulava excedentes comerciais no século VI; vamos ver Newton a arruinar-se, especulando sem compreender, e Georges Soros a fazer fortuna compreendendo bem de mais que há confrontos políticos que ultrapassam as lógicas económicas. Partiremos com a ideia de que *nihil nove sub sole*, na esperança de que isso nos permitirá evitar a repetição regular e sustentada de certos erros.

Bibliografia

Jean-Marc Daniel, *Histoire vivante de la pensée économique*, Pearson, 2010.

Charles Gide, Charles Rist, *Histoire des doctrines économiques*, Dalloz, 2000.

André Gide, *Les Caves du Vatican*, Gallimard, «Folio», 1973.

---

símbolo de emprego público de um Estado esbanjador, na óptica de Necker. Ver Lição 3 *(N.T.)*....

LIÇÃO 1

NO PRINCÍPIO ERA A BANCARROTA

A primeira noção de economia que devemos examinar à luz da história é provavelmente a de dívida pública. Primeiro, porque ela fez um regresso espectacular à actualidade, com a possível bancarrota da Grécia, da Espanha ou mesmo da Itália. Iniciado discretamente em Novembro de 2009, com a descida da notação de risco grega por uma agência de notação, o colapso da Grécia tornou-se um dos elementos mais marcantes e mais reveladores daquilo que designamos presentemente pelo vocábulo de crise. Teremos ocasião de voltar à origem desta palavra e às proposições que a história reteve para lhe fazer face. Depois, porque o problema da bancarrota forneceu razão de ser à economia. Deu-lhe mesmo o nome.

Na origem da economia política

Com efeito, a expressão original para designar a reflexão sobre a produção de um país, o crescimento e a repartição dos seus frutos é a de «economia política» (em inglês, *political eco-*

nomy). Ou, etimologicamente, «estudo da gestão» (*oikou nomos*, em grego antigo) do Estado (*politikos*, igualmente em grego). Os primeiros textos a fazer referência à economia política eram textos que qualificaríamos, hoje, de tratados de finanças públicas. Tratava-se de fazer proposições e recomendações ao Príncipe sobre a gestão do Estado no sentido estrito do termo, essencialmente para evitar que ele falisse, ou, para empregar o termo preciso a este respeito, que ele entrasse em bancarrota. Assim, o primeiro livro considerado livro de economia – o *Traité d'économie politique* [*Tratado de economia política*] do francês Antoine de Montchrestien – é um texto muito político. Publicado em 1616, ele contém, em primeiro lugar, conselhos ao jovem Luís XIII sobre a melhor forma de desempenhar a sua tarefa de soberano. Montchrestien mostra-se nele como um representante da corrente dita «mercantilista», esse grupo de pensadores que sustentavam que o aumento da quantidade de ouro e prata em circulação num país levaria a um aumento da sua riqueza e bem-estar. No seu livro, recomenda portanto ao rei que faça tudo para incrementar o *stock* nacional de moeda. Estranhamente, ele põe, de resto, em prática as suas teorias, pois acaba por ser perseguido pela justiça como moedeiro falso!

No século XVIII, a ideia de que a fortuna do Estado não é passível de ser analisada sem se compreender o que faz a riqueza total do país encontra a sua expressão mais perfeita numa fórmula que ficou célebre de François de Quesnay, um dos primeiros a designar-se pelo nome de economista: «Pobres camponeses, pobre reino; pobre reino, pobre rei».

O Estado só enriquece pelo trabalho e a eficácia produtiva do conjunto da sociedade, e pretender reflectir sobre os recursos públicos é reflectir sobre a riqueza do país.

Foi assim que a economia política se tornou numa reflexão, não somente sobre as finanças públicas, mas mais geralmente sobre a produção, as trocas, o trabalho, a nível nacional e a nível de cada empresa, sobre todo um processo de enriquecimento global que condiciona *in fine* a situação das finanças públicas.

De resto, tratando-se dos seus trabalhos, Quesnay prefere falar de «ciência económica», simultaneamente para estender a sua reflexão para lá da simples esfera estatal e evitar que considerem que o seu raciocínio é «político», quer dizer, «partidário». Se em Inglaterra se permanece ligado por muito tempo ao uso da expressão inglesa *political economy*, em França, em contrapartida, o que está em questão é cada vez mais a «ciência económica», à medida que o século XIX se desenrola. A revolução de 1848 acentua o fenómeno. Os economistas querem, depois das irrupções europeias, evitar qualquer equiparação com os movimentos políticos que evocam os seus trabalhos, seja para os condenar ou, pelo contrário, para deles se reclamarem, com o fito de denunciar a organização da sociedade. O economista do pós-1848 está cada vez mais convencido de que se deve referir à «ciência económica», abandonando progressivamente a *political economy* a outras destinos.

Primeira dívida, primeiros dramas

O Estado, como agente económico portador de dívida, aparece bastante cedo, uma vez que o encontramos já nas *Histórias* de Heródoto. Esse livro, que deu o nome à disciplina, faz uma comparação do destino cruzado de Gregos e Persas antes de se enfrentarem nas Guerras Médicas, no século V a.C. E como os Persas anexaram o Egipto, Heródoto aventura-se nesse país.

Heródoto faz então a descrição daquela que é provavelmente a primeira experiência económica keynesiana de que há registo. Evoca, com efeito, a construção das pirâmides pelos faraós. Explica essas grandes obras pela vontade dos soberanos egípcios, não apenas de disporem de túmulos magníficos, mas igualmente de dar trabalho a uma população cada vez mais numerosa. Infelizmente, conta Heródoto, os trabalhos desferiram tais golpes às finanças públicas que os faraós foram rapidamente lançados na incapacidade de reembolsarem as suas dívidas. Resultado: para obter novas receitas, o faraó teve de prostituir as suas filhas...

Começa assim a longa história da busca desesperada de receitas públicas para pagar a dívida. No caso, para os faraós trata-se de dívida a fornecedores, mais do que da necessidade de restruturar uma dívida. E a sanção com que os credores os ameaçavam era a paragem dos estaleiros.

Para que se possa falar com propriedade de dívida, é preciso que existam simultaneamente prestatários – neste caso o Estado – mas também prestamistas potenciais, quer dizer, agentes económicos que acumularam poupanças, essencialmente na forma monetária. É necessário, a seguir, que existam regras que definem de forma suficientemente clara os compromissos respectivos de uns e outros (taxa de juro, data dos reembolsos, etc.). É preciso, por fim, uma forma de contabilidade que permita ao credor e ao Estado devedor saber em que ponto estão. Uma das primeiras condições para que a dívida pública possa emergir é a atribuição ao Estado de uma consistência jurídica que permita distingui-lo do Príncipe que exerce fisicamente o poder.

De Roma a Constantinopla...

No Império Romano não há, verdadeiramente, dívida pública, e o ódio obsessivo do cristianismo à usura faz com que na Alta Idade Média a finança rudimentar não concorra praticamente para o funcionamento do Estado. É no século XIII que os dados da questão se vão alterar. Esse século traz, com efeito, várias mudanças.

Em primeiro lugar, a tomada de Constantinopla pelos Cruzados, em Abril de 1202, e a pilhagem que se lhe segue, inundam o Ocidente com uma quantidade considerável de ouro. E como esse século é também um século de crescimento económico, surge a questão de saber se um aumento dos elementos monetários e uma circulação reforçada destes, pela vontade do Estado, não poderiam manter e fazer crescer a riqueza.

Cabe aos dominicanos da época, designadamente a S. Tomás de Aquino, reflectir sobre o problema e formular a ideia de que o empréstimo não é mau por natureza. Com efeito, se concorrer para que o prestamista desenvolva um projecto que cria riqueza, toda a gente sai a ganhar. A questão que desde logo se põe é a de saber como pode o Estado, gastando mais, obter um aumento posterior dos seus recursos. Para os pensadores do século XIII, a forma mais evidente é a de aumentar os seus meios militares, para conduzir campanhas vitoriosas e espoliar o vencido. Os primeiros empréstimos aos Estados vão servir para financiar guerras que os reis e os seus financeiros analisam como investimentos.

Além disso, para que a dívida exista é preciso uma estrutura estatal relativamente estável e sobretudo perene. A dívida, com efeito, é tempo e é preciso, portanto, que o tempo deixe de ser o do rei, forçosamente mortal, sobretudo se faz a guerra, mas o do reino. Essa vai ser outra grande mudança dessa época.

Nascimento do Tesouro e dos bancos

Em França, é Filipe Augusto, rei de uma importância considerável, que cria o Estado no sentido pleno do termo, separando a sua pessoa da sua função. Para o fazer, cria em 1190 o Tesouro público.

Por fim, última condição para que emerja uma dívida pública, são precisos prestamistas e, portanto, bancos. A palavra «banco» vem do baixo latim, *banca*, que designa mesa. E como em grego mesa se diz *trapezon*, ao banqueiro dos primórdios chamou-se tanto «banqueiro» como «trapezista». A mesa em questão é a que o separa do seu cliente. Sobre essa mesa, o banqueiro procede à troca de moedas. No início, é cambista:

troca ouro na forma de moeda de uma cidade ou país por ouro na forma da moeda local. Torna-se um armazenador de ouro. Quando a quantidade de ouro em circulação aumenta, as suas existências aumentam naturalmente, e põe-se rapidamente a questão de saber que emprego possível lhes dar. É assim que o banqueiro se lança e decide emprestar as suas existências de ouro. Como dizem os economistas, o primeiro banqueiro recebe depósitos, que transforma em créditos. Veremos que isso mudou, ainda que, por vezes, a opinião corrente creia que os banqueiros só podem emprestar o que lhes entregaram.

Entre os prestatários, há os Estados. No início, empresta-se-lhes porque eles são temidos, porque se pensa que os seus sucessos militares dotá-los-ão de recursos suplementares, mas também porque isso confere prestígio. Que pode haver de mais valorizador do que sentir que se está em posição de poder – ainda que relativo – com respeito aos príncipes e reis, por intermédio dos fundos postos à sua disposição? As angústias que ligam prestamista e prestatário, de episódicas, generalizam-se e tornam-se um dos elementos cruciais da vida económica. O banqueiro põe-se a fazer malabarismos com o ouro e a prata. Mas assume riscos e quando não consegue honrar os seus compromissos, a autoridade pública proíbe-lhe toda a actividade. Em Veneza, para significar esse termo, um representante da autoridade pública parte a mesa do banqueiro: segundo a expressão italiana, é a *banca rotta*, a mesa quebrada, ou melhor, a bancarrota.

Ninguém partirá, é claro, uma mesa real, mas os reis vão lançar-se, no século XIII, na bancarrota. A começar por S. Luís, Luís IX para os seus contemporâneos, o neto de Filipe Augusto.

S. Luís face aos banqueiros genoveses

S. Luís torna-se rei aos 12 anos, em 1226. Desde o reinado de Filipe Augusto que a França tem um Tesouro real identificado, mas sérias dificuldades em enchê-lo. Em 1247, S. Luís lança um vasto inquérito para melhor apreender a realidade do seu reino: trata-se simultaneamente de verificar a eficácia da administração nascente, avaliar o estado de espírito dos seus súbditos e medir, de passagem, a sua capacidade contributiva. Em 1263 e em 1268, tomando nota do afluxo de metais preciosos, revaloriza a moeda, quer dizer, aumenta o seu peso em ouro, o que tem por resultado torná-la muito popular.

Outro elemento que o tornará popular: decide financiar as cruzadas – as que ficarão para história como a sétima e oitava – pelo empréstimo e não pelo imposto. Os prestamistas esperam ser reembolsados, não pelos pagamentos futuros dos súbditos do rei de França, mas graças à pilhagem dos países conquistados. Esses prestamistas são os banqueiros italianos, principalmente genoveses. O banco de referência é nessa altura o banco dos Leccacorvo. Estes últimos crescem a partir de 1244 e tornam-se rapidamente os financeiros mais famosos da sua época. A sua estratégia é simples: remuneram os depósitos a 10% e emprestam a uma taxa de 20%. Poucas entidades económicas podem fazer face a tais taxas, salvo por um golpe financeiro. Só um rei, como o rei de França, o pode em grande escala, na medida em que qualquer vitória militar permite espoliar o vencido (*Vae victis...*) [Ai dos vencidos!].

Em 1255 começam, contudo, os primeiros alertas para o banco que acaba por desaparecer em 1259. O seu erro? Mesmo mantendo uma pressão tenaz e continuada sobre S. Luís, este levou com ligeireza as suas obrigações e considerou-se, muito rapidamente, como não estando por elas vinculado. Hoje, um barbarismo corrente e pretensioso consiste em falar de dívida soberana, em vez de dívida pública. À época, esse barbarismo era menos ridículo, pois se a existência de um Tesouro real fazia com que a dívida tivesse deixado de ser do rei, a decisão de a pagar ou não pertencia-lhe por inteiro.

Assim que S. Luís regressa da cruzada em Abril de 1254, mostra-se agastado com a insistência dos genoveses em quererem recuperar os seus fundos. Eles permitiram ao rei combater os infiéis, seria agora muito estranho que, além disso, retirassem vantagem material, para lá do prestígio e provavelmente da salvação eterna que decorrerá do financiamento da cruzada! S. Luís nem sequer negoceia com estes vilões, tanto mais que a sua prática financeira, quer dizer, o empréstimo a juros, continua a ser suspeito aos olhos da Igreja. Com efeito, apesar dos escritos de S. Tomás, a Igreja mantém as suas reservas a respeito dos empréstimos e Clemente V relembrará, no início do século XIV, que o crédito a juros é por natureza usurário. Diga-se de passagem que isso permitirá a Filipe, *o Belo*, tentar apropriar-se do ouro dos Templários...

Seja como for, S. Luís recusa-se a pagar e entra em bancarrota. Evidenciam-se nesta ocasião duas dificuldades que caracterizam a dívida pública: a primeira é a sua diferença relativamente à dívida privada; no caso de uma empresa privada que vai à falência, o credor recupera os activos do falido e pode, assim, ressarcir-se. No caso do Estado, quando este se declara insolvente, o credor perde o seu capital e não recupera nada. A consequência é que o credor deve começar por se aventurar pelo cálculo dos juros que cobra de forma a fazer-se de alguma forma reembolsar por antecipação, durante o período em que o Estado honra ainda a sua assinatura. Está a nascer, no século XIII, a ideia de que a dívida pública nunca se reembolsa e que os que está em jogo são os juros que por ela se recebe. Mais um esforço e a renda perpétua fará a sua aparição...

A segunda dificuldade é que, para emprestar ao Estado, torna-se necessário saber avaliar a sua capacidade de gerar receitas excepcionais, para lá da fiscalidade habitual. Aqueles que pensam que a dívida pública não é um problema porque, ao dinamizar o crescimento, ela gera rendimentos e, portanto, impostos suplementares, têm como primeiros inspiradores os financeiros italianos da Idade Média, que contavam com que, ao emprestarem ao rei, lhe facultavam a possibilidade de aumentar o seu poder militar e, desse modo, ganhar uma guerra, que terminaria na captura dos recursos do vencido.

Esse princípio tem ilustração na Guerra dos Cem Anos. Essa guerra, que não é mais do que um dos momentos particulares da «Guerra de Sempre» a que se entregam franceses e ingleses, começa a pretexto de uma sucessão dinástica.

Eduardo III de Inglaterra e o Estado ilíquido

Neto de Filipe, *o Belo*, o inglês Eduardo III afirma os seus direitos à coroa do reino de França desde que acede ao título de rei de Inglaterra, em 1327. Tem apenas 14 anos. Desembaraçando-se três anos mais tarde do seu tutor e amante da mãe, começa então verdadeiramente o seu reinado.

Pede emprestado aos banqueiros de Florença para erguer um exército numeroso e atacar a França. As hostilidades começam em 1337 e o mínimo que se pode dizer é que começam mal para Eduardo. Os franceses invadem a Guiena, então inglesa, e sitiam Bordéus em 1339. A cidade resiste, mas o ataque inglês pelo Norte, a partir de Antuérpia, que deveria obrigar os franceses a deslocar as suas forças, tarda em surtir efeito. Na realidade, Eduardo, para poder provisionar as suas tropas, tem necessidade de fundos e só consegue obtê-los em negociação permanente com os banqueiros italianos. Estes impacientam-se, inquietam-se, criticam a sua estratégia militar: onde estão as vitórias? Onde estão a cidades pilhadas? Onde estão os países saqueados?

Em 1340, Eduardo, tendo deixado de receber subsídios dos seus banqueiros, começa a diferir os seus reembolsos. Em 1343 entra em bancarrota. Resultado, o banco Peruzzi de Florença vai à falência, e em 1346 é a vez do banco Bardi. Azar o deles, pois justamente nesse ano de 1346 começa o sucesso inglês. Os franceses acumulam reveses e em 1356 o rei João II, *o Bom*, é vencido em Poitiers e feito prisioneiro, oferecendo a Eduardo a possibilidade de exigir um resgate. Na verdade, o Estado inglês ficou ilíquido, quer dizer, as receitas esperadas chegaram, mas tarde de mais para os credores.

De facto, em 1341 Eduardo tentou amainar os seus banqueiros, procedendo a um aumento de impostos. Mas estes não entraram. A Inglaterra estava com falta de metais preciosos. O rei bem podia decidir aumentar impostos, que os seus súbditos se encontravam na incapacidade material de os pagar. Uma das razões tinha a ver com o facto de as despesas públicas se fazerem fora do país: serviam para pagar aos soldados, que andavam principalmente pela Flandres. Resultado: o ouro inglês circula fora de Inglaterra. As despesas públicas drenavam a moeda inglesa e injectavam-na no continente. Vemos assim surgir um mecanismo de défices gémeos: o défice externo esvazia o país do seu ouro, o que tem por consequência que ele falta aos ingleses para que possam pagar os seus impostos. É a falta de numerário dos súbditos ingleses que coloca o Estado em défice.

A bancarrota de Eduardo deveu-se indirectamente a um défice externo. É a primeira manifestação da ligação entre défice externo e défice interno. A relação modela-se na equação:

$$(S-I) + (T-G) = X-M$$

Em que S designa a poupança, I o investimento, T-G o défice orçamental, ou interno, X as exportações e M as importações, sendo X-M o défice externo.

Esta relação existe sempre, mas joga hoje em sentido inverso: é o défice orçamental que, ao gerar uma procura importante, conduz ao crescimento das importações e, portanto, a um défice externo. A expressão défices gémeos pode ser considerada abusiva, pois há um pai (o défice público) e um filho (o défice externo)...

«Juros» e juramentos traídos

Essa ligação entre défice interno e défice comercial alimentou igualmente as primeiras teorias económicas estruturadas, ainda que incompletas, que foram as teorias mercantilistas.

O modelo destes pré-economistas era a Espanha de Carlos I (o imperador Carlos V) e do seu filho Filipe II. Com efeito, num mundo onde o cristianismo fazia do trabalho o recurso primeiro e último da economia de um país (ideia que Jean Bodin, filósofo e jurista do século XVI, exprimiu numa formulação celebérrima: «Não há riqueza que não venha dos homens»), a Espanha afirma-se como potência dominante sem que a sua população forneça um trabalho particularmente intenso. O seu sucesso deve-se à acumulação de metais preciosos pilhados na América. Está na sequência lógica do que se passava na Idade Média: é por ser a vencedora do Novo Mundo que a Espanha é rica. O salteador legitimado pela religião capta e desvia ouro do vencido. O Estado pode endividar-se porque um Tesouro longínquo está à sua disposição. Só que...!

Estamos em Agosto de 1557. Filipe II é rei de Espanha, desde que o pai, Carlos I, abdicou em 1556. À época, a Bélgica e o actual Norte de França são espanhóis. Saint-Quentin está, assim, na fronteira entre a França e a Espanha. E Filipe II decide tomá-la.

A batalha, particularmente sangrenta, desenrola-se com vantagem para os espanhóis. O exército francês, esmagado pela artilharia inimiga, está em debandada, de tal modo que está aberto o caminho para Paris. E, porém, os espanhóis param. Com efeito, o Tesouro está vazio e os soldos não são pagos. Os generais argumentam junto das suas tropas que Paris está ao alcance dos canhões e que a pilhagem será bem mais lucrativa do que os soldos em dívida. Mas nada a fazer: os soldados recusam-se a ir mais longe, privando a monarquia espanhola dos benefícios da sua vitória. Furioso, Filipe II decide declarar a bancarrota: está fora de questão pagar juros a banqueiros que, à última hora, se recusaram a aguentar a tesouraria da campanha militar e lhe sabotaram a vitória.

Cada vez mais reticentes a emprestar ao monarca mais poderoso da época, nem por isso os financeiros alguma vez falharam ao seu pai. A razão era que este rei, muito religioso, jurara pela Bíblia nunca fazer bancarrota, de tal modo que os títulos da dívida pública emitidos pela Espanha se chamavam «juros». Quando Filipe II a declarou, no Outono de 1557, os credores lembraram-lhe essa promessa. Apontam a dedo o risco incorrido pelo rei, por não ter respeitado o juramento da monarquia. Pedem mesmo para ser recebidos por Carlos, ainda vivo mas retirado num mosteiro. Evocam a ira celeste que se abaterá sobre ele. Filosófico e paciente, Carlos declara-lhes que em breve terá ocasião de verificar directamente a extensão do descontentamento divino. E, de facto, morre a 21 de Setembro de 1558...

Ao escolher jurar pela Bíblia, Carlos I havia dado aos empréstimos que fizera uma credibilidade forte, que lhe havia permitido, tal como ao filho, atingir níveis de endividamento largamente superiores às capacidades fiscais do seu governo: a credibilidade é uma arma; é preciso saber usá-la, mas evitar abusar.

D. João III de Portugal inventa as «despesas de futuro»

Na mesma época, um outro reino vai entrar em bancarrota, em condições também elas bastante instrutivas, designadamente no discurso – tão louvado nos nossos dias – sobre as «despesas de futuro». D. João III de Portugal é cunhado de Carlos V, tendo-se casado com a sua irmã, Catarina de Castela. Portugal é, então, uma grande potência, que construiu o seu poder económico e político com base na mestria dos seus marinheiros. As receitas fiscais, essencialmente assentes na agricultura, são limitadas e o défice aumenta.

D. João III inventa toda a espécie de impostos, mas sobretudo negoceia com os seus banqueiros. Estes estão principalmente em Antuérpia e Besançon, dois territórios espanhóis nessa altura. Realça as origens da sua mulher para mostrar a quem duvidasse que não tenciona causar maçadas aos espanhóis... Depois, argumenta que se endivida numa base sã, pois os seus empréstimos vão servir para montar expedições coloniais que lhe trarão forçosamente rendimentos. Há numerosos El Dorados potenciais à face do planeta e os marinheiros portugueses partiram à sua conquista: pede emprestado para preparar um futuro português radioso, fundado sobre o controlo desses El Dorados...

Discurso conhecido: não visava o governo francês, em 2009, lançar «um grande empréstimo» de 100 mil milhões de euros, cuja razão de ser era a de que a soma assim reunida iria servir para «preparar o futuro» e um crescimento nacional reforçado, que traria receitas fiscais abundantes?

Reconheçamos que o cálculo de D. João III se revelou justo, na medida em que o Brasil, antiga colónia portuguesa, se propõe hoje comprar sistematicamente nos mercados a dívida pública de Lisboa. Salvo o facto de se terem passado 450 anos desde o discurso de D. João III... Os banqueiros não tiveram paciência suficiente para esperar o retorno do investimento da dívida portuguesa do século XVI. No reinado de D. João III, reclamam provas tangíveis da existência dessas terras cobertas de ouro e de riquezas. D. João III tergiversa e morre. Tornada regente em 1557, a sua mulher, Catarina, imita o seu sobrinho Filipe II e declara bancarrota: o futuro é difícil de prever, as despesas que o preparam estão sujeitas a caução e os investimentos dos reis, essencialmente militares, são bem aleatórios!

Depois da Espanha e Portugal, o mundo moderno nascente vai conhecer regularmente as bancarrotas. Depois da primeira bancarrota de 1557, Filipe II e os seus sucessores vão multiplicá-las. A maior potência política do seu tempo, a Espanha abre bancarrota em 1575, 1596, 1607 e 1627, ou seja, quase de vinte em vinte anos.

Ao mesmo tempo, os Estados mudam a técnica dos empréstimos. Lançam-nos na forma de «rendas perpétuas», isto é, assumem o compromisso de pagar aos seus credores todos os anos um montante de juros, sem jamais reembolsarem. Para recuperarem a soma inicialmente avançada, os ditos credores podem virar-se para outros prestamistas potenciais e revender os seus títulos. Cria-se assim um mercado de rendimentos cujas cotações representam, em particular, a proximidade antecipada da próxima bancarrota.

Acabar com a bancarrota...

Os séculos XVII e XVIII vão também viver as aflições da especulação organizada em torno das bancarrotas. Vai tornar-se suficientemente perturbadora para que os Estados e pensadores da economia procurem meios de a evitar.

Os fisiocratas, esses primeiros discípulos de Quesnay que foram os primeiros economistas, nasceram, já o dissemos, dessa reflexão. Ilustrou-se neste domínio Anne Robert Turgot, pois foi não apenas um teórico da economia, mas também um prático. Foi assim que em 1774 se tornou inspector-geral das Finanças do jovem rei Luís XVI. Ao aceitar o cargo, escreve ao rei, que acaba de começar o seu reinado, uma carta que se tornará uma referência – ao ponto de o Ministério das Finanças não ter hesitado em comprar o original em leilão, em 2010, para o fazer regressar ao leito do Estado ([3]). O programa de Turgot é simples:

> Não há bancarrota, não há aumento de impostos, não há empréstimos.
> Não há bancarrota, nem confessada, nem mascarada por reduções forçadas. Não há aumento de impostos, e a razão está na situação dos vossos povos, e ainda mais no coração de Vossa Majestade. Não há empréstimos, porque todo o empréstimo contraído diminui sempre o rendimento livre; necessita, ao cabo de algum tempo, ou da bancarrota ou do aumento das imposições. Não se pode, em tempo de paz, permitir contrair empréstimos para liqui-

---

([3]) Todos os anos, o Ministério das Finanças expõe essa carta, durante as Jornadas do Património, em Setembro.

dar dívidas antigas, ou para reembolsar outros empréstimos feitos a um custo mais oneroso.

Para realizar estes três pontos, só há um meio. É reduzir as despesas abaixo da receita, e suficientemente abaixo para economizar cada ano uma vintena de milhões, a fim de reembolsar dívida antigas.

Entre os colaboradores imediatos de Turgot está o matemático Condorcet. Narra a sua experiência num curto texto que publica em 1786, intitulado *Vida do Senhor Turgot*. Nele condena a bancarrota por diversas razões. Em primeiro lugar, porque ela trai a promessa real. Depois, e sobretudo, porque leva os credores arruinados a exigir sobre empréstimos futuros taxas de juro mais elevadas. O ganho imediato obtido pela supressão da dívida paga-se no momento em que recomeça o endividamento.

Quando a prática da bancarrota se torna um hábito, um *stock* acumulado de dívidas conduz os prestamistas a antecipar uma recusa iminente do Estado em honrar os seus compromissos, quer dizer, a antecipar a anulação de uma parte desse *stock*. Nessas condições, os prestamistas tornam-se mais exigentes e reclamam taxas de juro majoradas. Os banqueiros que emprestaram, nestes últimos anos, à Grécia e que foram sujeitos a uma bancarrota a que se chama em linguagem «politicamente correcta» *haircut*, não se precipitam a voltar a emprestar ao Estado grego, obrigado a virar-se para o FMI ou os seus parceiros europeus.

A dívida pública é, no plano económico, um *stock*. Como tal, não deveria influenciar a taxa de juro, que é o preço de um fluxo, quer dizer, dos empréstimos contraídos anualmente. Mas a prática da bancarrota, ao modificar as antecipações, faz dela uma componente da determinação das taxas de juro, que são o preço do fluxo.

Já Turgot e Condorcet não irão a tempo de agir. Turgot tem, com efeito, de deixar o poder em 1776, no meio das disputas da corte. A França abrirá bancarrota em seguida, mas fá-lo-á durante a Revolução.

... porque ela representa um risco político

No coração dos acontecimentos que se entrechocam e conduzem à Revolução encontra-se o problema do financiamento da dívida. No reinado de Luís XVI os ministros sucedem-se, com alguns deles a entrarem para a história, como é o caso de Jacques Necker, que tem a missão de recompor as finanças públicas. Mas é Étienne-Charles de Loménie de Brienne, prelado, que terá a pesada tarefa de verificar, em Agosto de 1787, a impossibilidade de assegurar a subscrição completa de um empréstimo de 120 milhões de libras. Pede ao rei que convoque os Estados Gerais para que estes ponham em prática uma política de aumento de impostos, e depois retira-se em 1788.

Para toda a gente, à época, tudo deve ser feito para evitar a bancarrota. Os Estados Gerais têm consciência disso, mas procuram ganhar tempo num confronto político com a administração real e com Necker. Os deputados chegam mesmo a votar, em Junho de 1789, a supressão dos impostos... para os substituir imediatamente por contribuições. Mas mantêm, ao mesmo tempo, a sua oposição ao princípio da bancarrota. Mirabeau, dirigente da esquerda no início da Revolução, pronuncia assim, em Setembro de 1789, um discurso célebre em que proclama: «A bancarrota, a odiosa bancarrota está à porta!» E convence os Estados Gerais, convertidos em Assembleia Constituinte, a descartarem a prática. A Revolução vai, então, entregar-se à inflação, que faz assim uma entrada bastante estrepitosa na galeria dos instrumentos da política económica.

A inflação torna-se um problema para a economia, da qual se espera, porém, soluções para o endividamento, fazendo da moeda um objecto de reflexão mais elaborado do que as respeitantes à quantidade metálica. Quer dizer que a bancarrota desaparecerá? Nem pensar!

A última bancarrota da França: os «dois terços»...

Estamos em 30 de Setembro de 1797, na Igreja Notre-Dame-des-Victoires, na praça des Petits-Pères, em Paris (hoje no Segundo Bairro). Essa igreja, onde está sepultado Jean-Baptiste Lulli, foi confiscada e tornou-se a primeira sede da Bolsa. À esquerda do altar faz-se a cotação da renda – quer dizer, dos empréstimos do Estado – e das acções.

Nesse 30 de Setembro de 1797, o herói da sessão é Dominique Ramel, ministro da Finanças do Directório. Veio fechar o mercado de títulos públicos. Imediatamente a seguir, faz votar uma lei que anula dois terços da dívida pública. O acontecimento passará à história com o nome de «bancarrota dos dois terços». E se essa anulação não é a primeira, em França, é, até hoje, a última. Desde aí, a assinatura do Estado foi sempre honrada. Em particular, porque a Revolução deixou em herança a ideia de que a inflação pode ser útil! É ela, com efeito, que vai permitir, depois de cada uma das guerras mundiais, rasurar dívidas que uma simples decisão dos governantes já não podia apagar. Solução aparentemente indolor, que se substitui à bancarrota, a inflação merece um excurso, que faremos mais tarde. De momento, regressemos a 1797.

O golpe de asa financeiro de 30 de Setembro tornou-se possível pelo golpe de Estado político do 18 de Frutidor (4 de Setembro de 1797). Nessa data, os republicanos haviam confiscado o poder, sendo os resultados das eleições legislativas favoráveis aos realistas. Num país em revolução há dez anos, os republicanos não tencionam partir. Mais uma vez exilam os seus adversários e decidem consolidar o seu poder com reformas de longo prazo. Reorganizam as finanças do Estado apagando parte da dívida e criando uma fiscalidade nova, cuja jóia será o imposto sobre as portas e janelas. Ramel declara, para justificar esta última bancarrota: «Apago as consequências dos erros do passado para dar ao Estado os meios do seu futuro».

O risco incorrido é, porém, o de ver-se as taxas de juro a esticar e recriarem-se despesas públicas excessivas na forma de encargos com juros: é o perigo para o qual antes advertira Condorcet. E uma vez mais, como no tempo de Eduardo III, há essa ideia no subconsciente dos dirigentes, de que uma vitória militar trará novos meios que permitam evitar o défice orçamental. É preciso dizer que, nesse ano de 1797, há um general desconhecido do grande público que faz de mata-mouros. Comandante-em-chefe dos exércitos da República em luta contra o Piemonte e a Áustria no Norte de Itália, o general chamado Napoleão Bonaparte voa de sucesso em sucesso e envia para Paris uma parte do saque, que se anuncia colossal.

Dívida inviolável e banco central

Em 1814, a realeza instala-se de novo em França e Luís XVIII quer apagar os dramas financeiros de outrora. A dívida que indirectamente matou o seu irmão deve ser contida. A bancarrota, apenas um expediente, deve ser afastada por princípio. A Carta Constitucional que aprova e promulga prevê, pois, no seu artigo 70º: «A dívida pública é garantida. Todo e qualquer compromisso assumido pelo Estado com os seus credores é inviolável». Como cumprir a promessa erigida ao escalão de princípio constitucional?

A resposta vem de Inglaterra. Com efeito, os dramas à volta da dívida, que fizeram as agonias da França revolucionária, o Reino Unido não os conheceu. Porém, tendo as dívidas dos séculos XVII e XVIII saído em larga medida das guerras que os dois países fizeram – em geral em campos opostos –, também o Reino Unido deveria ter conhecido idênticas dificuldades. Se não foi o caso, é porque entretanto este último inventara o banco central. Conhecido no mundo inteiro pelo nome de BoE, Bank of England, o banco central inglês foi criado, ao princípio, para ser o banqueiro exclusivo do Estado.

Recuemos ao passado e detenhamo-nos em 1688. É o início da Guerra da Liga de Augsburgo e ninguém suspeita que ela vai entrar para a história com o nome de Guerra dos Nove Anos. Em todo o caso, Guilherme de Orange desconhece-o, ele que dela tira partido para se apoderar do trono de Inglaterra, em detrimento do seu sogro, Jaime II. Mas, como a guerra se eterniza, o que tinha de acontecer acontece: ao fim de quatro anos, o Tesouro britânico vai ter de ceder e entregar-se ao exercício favorito dos Estados da época, a bancarrota.

Porém, financeiro na alma já que holandês de origem – nessa altura eram termos sinónimos –, Guilherme compreende rapidamente que o alívio imediato das despesas, em resultado do desaparecimento da dívida, vai em breve pagar-se com o aumento das taxas sobre o novo endividamento. Já lá estão as ideias de Condorcet... Daí a sua conclusão de que a pior coisa que pode acontecer é a bancarrota. Cria, portanto, em 1694, um prestamista de última instância, o Bank of England, cuja missão é remir o que quer que aconteça à dívida do Estado e garantir aos que detêm uma parcela dela que nunca serão espoliados. Desde então, o Estado inglês, cujo endividamento ascendia, porém, a 250% do PIB, em 1816, e a 300% do PIB, em 1946, nunca incumpriu.

Única questão: se o Estado tem um prestamista automático, o que o pode limitar nos seus excessos despesistas?

Essa questão é explicitamente posta em França, quando Turgot, no plano de melhoramentos que põe em prática em 1774, também imagina criar igualmente um prestamista de última instância. É a Caixa Central de Desconto, que nasce em 1776. Como o seu nome indica, existe para descontar, quer dizer, para recuperar títulos financeiros já emitidos por outras instituições financeiras. O banco central de Turgot não existe para financiar o Estado mas para refinanciar aqueles que financiaram o Estado.

São pois possíveis dois modelos de banco central. Qual deles escolher? Hoje, a escolha foi operada pela potência dominante, a saber, os EUA.

Hamilton ou Wilson, era a questão...

Tudo começa em 1790, num almoço entre Thomas Jefferson, James Madison e Alexander Hamilton. Fazem parte dos combatentes pela independência americana e os dois primeiros tornar-se-ão presidentes dos EUA. Hamilton, por seu turno, morrerá num duelo em 1804.

Hamilton é o jovem economista de referência da jovem nação americana. Representa bastante bem as ideias dos Estados do Norte, que sonham rivalizar com a Inglaterra no plano industrial, criando uma indústria ao abrigo de direitos aduaneiros elevados. Concebeu um sistema para reembolsar as dívidas das Treze Colónias, inspirado no modelo inglês: cria-se um banco central que financie directamente o Estado e o poupe assim a qualquer bancarrota. Cria-se para esse fim um Tesouro americano que é portador de dívida pública mutualizada e centralizada e que assume o compromisso de reembolsar os empréstimos concedidos pelo banco central. Criam-se direitos aduaneiros federais que alimentam esse Tesouro.

O plano, que expõe durante o almoço com Jefferson e Madison, tem dificuldades em passar entre os convivas. Madison, que vem da Virgínia, é favorável a uma visão menos dirigista da economia. É pelo comércio livre e um sistema financeiro que impeça o Estado de se endividar sem limites. Finalmente, põem-se de acordo para que a administração do novo Tesouro americano e a do banco central fiquem localizadas num lugar específico que será a capital federal; e, sobretudo, para que o banco central seja criado de forma temporária, até ao reembolso final da dívida pública. E, de facto, em 1832, o presidente da época, Andrew Jackson, dissolve o banco central, a pretexto de que mantê-lo seria uma facilidade para o Estado federal, inclinado assim ao endividamento sem limites. Sai o banco central.

Mas em 1907 o sistema financeiro americano conhece uma crise de extensão dramática. Em Nova Iorque é o pânico e os depositantes precipitam-se para esvaziar as suas contas à ordem. A lição retida é que é necessário um prestamista de última instância. Um banco dos bancos, que refinancie a economia, utilizando designadamente como instrumento financeiro a dívida pública: é assim que nasce a Reserva Federal em 1913, tendo como missão refinanciar a economia e como função particular alimentar os bancos, que lhe entregam dívida pública.

Em 1913 o presidente dos Estados Unidos é Woodrow Wilson. É um democrata do Sul, próximo das ideias de Madison – são ambos da Virgínia – e de Jackson: é liberal no sentido europeu, mais que americano, do termo. É pelo comércio livre e desconfia do Estado. Não está em questão, portanto, fazer renascer o banco central de Hamilton e do mundo industrial do Norte. Wilson põe em prática um banco central à Turgot, mais do que à inglesa.

Eis-nos em 1948 em direcção ao presente. Os americanos estão em vias de refazer a Alemanha conforme à sua visão. Entre os desafios está o da criação de uma moeda num país onde a inflação levou tudo e onde a moeda utilizada pela população é um pacote de cigarros. Criam, pois, um sistema monetário novo, com um banco central, independente, para evitar o regresso de uma concentração de poderes que mostrou o seu carácter nefasto no país, e dotado do mesmo papel de refinanciamento da Reserva Federal. O modelo americano entra na Europa.

Em 1971, os europeus lançam o projecto de União Monetária, adoptando o relatório Werner – do nome do seu redactor, Pierre Werner, um dirigente luxemburguês. O projecto prevê que os bancos centrais ajam por via do refinanciamento e não como banqueiros directos dos Estados.

Em Janeiro de 1973, a França altera os estatutos do seu banco central nesse sentido. O Tratado de Maastricht confirma essa tendência em 1991. Os próprios ingleses, signatários desse tratado, modificam em 1997 o estatuto do velho BoE, que se torna banco central de refinanciamento, deixando de ser banqueiro imediato do Estado.

O sistema está assim completo. Os actores em jogo – o Tesouro nascido na Idade Média, o banco central generalizado nos séculos XIX e XX – encontraram o seu figurino. E porém...

Que reter de tudo isto?

Já vai longe o tempo em que os dirigentes sem escolha estavam reduzidos, como os faraós de Heródoto, a prostituir as suas filhas. Ainda no século XIV, o rei de França Carlos V vendeu a sua irmã a um Visconti que, muito feliz por se poder proclamar cunhado de um dos monarcas mais poderosos da Europa, equilibrou as contas e forneceu o que faltava para o reembolso de um terço da dívida pública francesa. A este tipo de operações chama-se nos nossos dias privatização... mas só podem realizar-se uma vez.

Na história, os Estados impecuniosos tiveram tendência para arruinar os seus credores sem demasiada vergonha. No começo, podiam fazê-lo, pois não só os soberanos tinham costumes brutais e um poder que consideravam sem limites, mas também porque de uma certa maneira os banqueiros financiavam através dos Estados projectos empreendedores, na ocorrência projectos de conquista, retalhando-se de seguida o vencido.

Com o tempo, tornou-se evidente que os Estados não tinham capacidade de obter as receitas de que necessitavam pela simples conquista. Desde então, a solução em caso de endividamento era contar com os seus povos para lhes fornecerem as receitas – chama-se a isso imposto e necessita de crescimento económico – ou fazer bancarrota.

Os fisiocratas e designadamente Turgot compreenderam e quiseram fazer compreender que, das duas soluções, só a primeira era aceitável. Mas como a possibilidade de gerar crescimento pela acção pública é aleatória, os Estados, por seu turno, consideraram por muito tempo que a segunda solução era a mais fácil de pôr em prática. E para evitar os inconvenientes dessa bancarrota, tentaram adormecer a vigilância dos seus credores por meio de compromissos solenes de reembolso – o juramento de Carlos V abriu a via ao que viria a ser o artigo 70º da Carta da Restauração. Por fim, para tornar esses compromissos credíveis, criou-se um instrumento para dar tempo ao Estado. Esse instrumento é o banco central. O banco central nasceu para que o Estado tivesse tempo de restabelecer a situação, voltando à primeira solução, a do crescimento, que continua a ser a melhor e, no fim de contas, a única verdadeiramente concebível.

Mas com o banco central veio uma questão complementar: quanto tempo se deve dar ao Estado? Pois, se se lhe der demasiado, não irá ele ser tentado pela facilidade e, por fim, melhorar a sua situação pela inflação? Tirando lições do passado e dos episódios de bancarrota, bem como daqueles em que o banco central foi chamado para auxílio de emergência, a época moderna reteve duas conclusões com respeito às relações do Estado com o banco central:

– a primeira é a de que o banco central não deve ser mais do que o último socorro. Tornou-se, pois, independente, atribuindo-se-lhe como objectivo evitar a inflação, que é a ruína disfraçada e hipócrita dos credores, e dando a estes a missão de apreciar em primeira instância a gestão dos Estados;

– a segunda conclusão é que, com a existência de um banco central, um país endividado em moeda estrangeira pode falir, mas um Estado endividado em moeda nacional não deve.

Ora, desde 2010, em Atenas e Frankfurt, começou uma nova história. Essa história é feita de uma marcha atrás em direcção à «bancarrota odiosa», pois a Grécia, ainda que endividada na sua moeda, acabou por incumprir, sem que isso se diga explicitamente.

Nessas condições, a credibilidade é mais do que nunca crucial em termos de dívida pública, mas ela ganha uma nova extensão e volta a ser exclusivamente política, uma vez que deixa de ser garantida pelo banco central. Os compromissos estão em vias de voltar a emergir como meio de consolidação dessa credibilidade. O primeiro deles é o de procurar obter avaliações externas que confirmem aos bancos e aos prestamistas, quaisquer que sejam, que não incorrem em nenhum risco. É o papel das agências de notação, mas o carácter aproximado e, por vezes mesmo, a falta de seriedade na sua forma de construir o veredicto não pode fazer delas autênticos «juízes de paz». Restam nos Estados de direito os compromissos jurídicos. As «regras de ouro» que se prevê inscrever nas Constituições dos países europeus são versões modernas do artigo 70º da Carta de Luís XVIII.

Esperando que os emissores de dívida não se ponham outra vez a jurar pela Bíblia...

Bibliografia

Condorcet, *Vie de Monsieur de Turgot*, Slaktine, 2012.

Jean-Marc Daniel, *Dette publique, un débat politique*, Scrineo, 2006.

Comission «Pébereau», *Rompre avec la facilité de la dette publique. Pour des finances publiques au servisse de notre croissance économique e de notre cohésion sociale*, La Documentation française, 2006.

Heródoto, *L'enquête*, Gallimard, «Folio», 1985.

Joseph Pérez, *L'Espagne de Philippe II*, Fayard, 1999.

Carmen Reinhart, Kenneth S. Rogoff, *Cette fois c'est différent. Huite siècles de folie financière*, Pearson, 2010 [*Desta Vez é Diferente. Oito Séculos de Loucura Financeira*, Actual, 2013].

LIÇÃO 2

A IMAGINAÇÃO INFINDÁVEL DO FISCO

O meio mais seguro de evitar a bancarrota, que fez tanto mal na história, é evitar a dívida. O Estado que se endivida e faz bancarrota é, ou em todo caso deveria ser, um caso patológico. Em tempos normais, o Estado deve equilibrar as suas contas e para o conseguir recebe impostos. Pode mesmo considerar-se que o nascimento dos Estados modernos assentou na sua capacidade de recolher impostos de forma regular entre a sua população, em vez de se apoderar dos tesouros de uma população vencida na sequência de uma guerra. Contar, para se financiar, com a rapina e a desolação dos seus inimigos é aleatório e de vistas curtas. Primeiro, porque a vitória nunca é segura; segundo, porque o confisco revelou-se muitas vezes sem futuro, ao impedir o vencido de retomar uma actividade produtiva e criar riqueza susceptível de ser de novo confiscada.

O imposto interno substitui-se ao saque externo

Muito paradoxalmente, a modernidade, para um Estado, consistiu portanto no fim do saque de populações externas, virando-se para a sua própria população e exigindo-lhe que contribua para o seu funcionamento. Para o conseguir, é preciso que a dita população produza uma riqueza suficientemente importante para que o Estado possa dela obter uma parte. É preciso, em seguida, que o modo de obtenção permita ao Estado receber aquilo de que efectivamente necessita sem provocar uma revolta. É preciso, por fim, que ele possa fazer pleno uso daquilo que recebe.

Concretamente, a última condição significa que o Estado, não tendo vocação, por exemplo numa economia agrícola, para gerir celeiros e pagar aos seus funcionários em sacos de trigo, faça a gestão de um objecto simbólico reconhecido por todos como meio de troca e expressão de poder de compra. Dito de outra forma, o Estado deve gerir ou mandar gerir uma moeda, cujo primeiro trunfo, mais ainda do que libertar cada um dos constrangimentos da troca, será o de permitir a colecta dos impostos, a sua preservação no tempo e a universalidade do seu uso.

O imposto interno, que se substituiu ao saque externo, apareceu em todos os países que começaram a constituir-se como Estados organizados e duráveis. Para os europeus, essa evolução está encarnada no fabuloso destino de Roma.

Todos os caminhos vão dar a Roma

Foi lá que nasceu o *fiscus*, que está na origem da palavra «fisco». *Fiscus* em latim significa cesto.

Reza a lenda que, nos seus começos, Roma teria dado a seguinte escolha aos seus cidadãos, sempre que uma guerra se apresentava: ou punham recursos nesse cesto para pagar a um soldado, ou alistavam-se no exército, que deviam integrar inteiramente equipados. Teria sido o sexto rei de Roma, Servius Tullius, no século VI a.C., numa guerra contra Veios – a cidade etrusca mais próxima de Roma, a ponto de hoje fazer parte do seu tecido urbano –, que teria sistematizado o recurso ao imposto para financiar um exército permanente.

Uma outra explicação mais prosaica sobre a origem do *fiscus* faz remontar o emprego dessa palavra a Augusto. Tornado imperador, este teria decidido separar as finanças de Roma enquanto Estado das do imperador. O Tesouro público, denominado *aerarium* [erário], era objecto de uma gestão do foro do Senado. Quanto ao imperador, tinha um Tesouro particular, a que os romanos chamavam com escárnio *fiscus*, pois essa palavra designava cesto... furado! (em francês, a palavra que provém directamente dessa acepção semântica é a *faisselle*, pequeno cesto com buracos onde se coloca o queijo.) Ora, o comportamento dos imperadores deu rapidamente a impressão à população de que as suas entregas a favor dele se faziam para cestos furados.

No final do século III, Diocleciano inicia uma série de reformas para tentar restabelecer a situação financeira do Estado romano, incapaz de cobrir as suas despesas. De passagem, funde o *fiscus* com o *aerarium*, cuja gestão é confiada a um responsável único. Esse responsável é institucionalizado no início do século IV por Constantino, com o nome de *Comes sacrarum largitionum* e é considerado o primeiro ministro das Finanças da história. Em 342, recebe em locais específicos em Constantinopla, onde se instala a primeira administração fiscal moderna, como tal reconhecida. É pois numa cidade de tradição grega que se cria o fisco no sentido moderno do termo. Limitemo-nos a verificar, sem querer fazer um paralelo tentador mas talvez abusivo com a actual situação das finanças gregas, que de imediato ele choca com as reticências da população...

Todos os caminhos económicos vão dar a Inglaterra...

Para consolidar uma prática fiscal assim constituída, é necessária uma regularidade de recepção que permita à população adaptar-se. Essa regularidade deve ser conforme à natureza da economia. Quer dizer que a referência do imposto deve ser a duração do ciclo económico. É preciso dar tempo aos produtores para levarem a cabo a sua actividade e, quando esta chegar ao seu termo, é possível então extrair uma parte dos seus frutos. As regras que presidem hoje a essa regularidade foram legisladas em Inglaterra, no século XIII, sob o reinado de João Sem Terra. São anuais, pois a economia agrícola do seu tempo tinha um ciclo anual.

João Sem Terra é o irmão de Ricardo Coração de Leão. É filho de Henrique II Plantageneta e de Leonor de Aquitânia. Rei de Inglaterra de 1199 a 1216, é frequentemente apresentado como um dos piores soberanos que o país conheceu. A literatura acusou-o de todas as vilanias, designadamente através das aventuras de Robin dos Bosques e de Ivanhoe. Com alguma ingratidão, pelo menos no plano orçamental, pois é a ele que devemos o processo actual. Devemos-lhe, nomeadamente, o facto de o imposto não poder ser recolhido a não ser que os representantes daqueles que o pagam votem o montante. O imposto está assim na origem da democracia parlamentar moderna e assim é graças a João Sem Terra. Precisemos, porém, que assim passou a ser contra sua vontade.

Porque foi ele obrigado a conceder um direito de controlo aos representantes do povo sobre o uso dos fundos públicos?

O seu reinado foi marcado por uma guerra quase permanente com... a França, claro! A França da época é a de Filipe Augusto, o rei que organizou a moderna administração francesa. Para lhe fazer face, João Sem Terra tenta suscitar na nobreza do seu país um sentimento nacional. Numa primeira fase, pede em 1203 às paróquias, condados e qualquer porção de território próxima do mar que construam barcos para garantir uma ligação segura entre a Inglaterra e as terras que ele controla em França, como a Aquitânia e a Normandia. Esse acto é considerado pelos historiadores como o acto de nascimento da Royal Navy (Marinha Real inglesa), cujo destino marcará a história mundial. Apesar disso, João soma derrotas e acaba por perder a Normandia, berço de família histórico dos soberanos ingleses. Demasiado, é demasiado! Assim, quando pede novos subsídios para relançar as hostilidades contra os franceses, esbarra na oposição da nobreza. Em Runnymede, a 15 de Junho de 1215, João é obrigado a conceder a *Magna Carta* – a grande Carta –, pela qual garante ao seu povo certos direitos, designadamente para os que pagam impostos o de designar representantes que anunciarão ao rei, com base na colheita, o que poderão pagar. Com base nisso, este far-lhes-á propostas de emprego dos recursos assim postos à sua disposição.

Na prática, João espera poder continuar a viver com base no produto do domínio real e não ter de se virar para os seus súbditos senão em circunstâncias excepcionais, quer dizer, essencialmente em caso de guerra. Como na época romana, o objectivo do imposto é, antes de tudo, o financiamento da guerra, de tal modo que está dele sistematicamente isento quem que pagar o «imposto de sangue», quer dizer, quem combate. No curso do século XIII, S. Tomás vai, de resto, teorizar a ideia de que o rei tem um domínio para bastar às suas necessidades correntes e uma nobreza para se lhe juntar em caso de guerra e pagar o imposto de sangue. Para S. Tomás, o imposto financeiro é para banir, com excepção, evidentemente, do dízimo instaurado por Carlos Magno, em benefício da Igreja e das suas obras de caridade (o dízimo, como o seu nome indica, representava 10% da colheita).

A «bougette» entra em cena

Limitação evidente do poder real, a Carta concedida por João é contestada por ele assim que regressa a Londres. Ao renegar a palavra dada, obtém o apoio do papa Inocêncio III, protector dos dominicanos, dos quais S. Tomás é um dos mais eminentes representantes. Sobretudo este está convencido de que o rei não deve depender, nas suas decisões, da boa vontade dos representantes do todo ou parte da sua população.

Porém, em 1225, o filho de João Sem Terra, feito rei com o nome de Henrique III, aceita promulgar de novo a Grande Carta. Com isso, no essencial não consegue obter a confiança da classe dirigente inglesa, que tergiversa na entrega dos seus subsídios. Nos cinquenta anos que durou o seu reinado, Henrique III só conseguirá obter o direito de cobrar impostos em doze deles. A administração real inglesa aceita, porém, para chegar aos seus fins, fornecer uma apresentação o mais clara possível da situação da bolsa real. Ora, no francês antigo falado pelos funcionários aquitanos e angevinos que rodeiam o rei, uma bolsa diz-se *bougette*. É assim que a palavra *bougette*, pronunciada à inglesa, se torna *budget* [orçamento].

O uso dessa palavra para designar a situação das finanças públicas inglesas perde-se rapidamente à medida que a administração de Londres se liberta das tradições angevinas. Porém, em 1733, um chanceler do Erário – lembremos que por este termo se designa o ministro das Finanças inglês – querendo retomar a tradição dos fundamentos ancestrais do Reino, conclui a votação nos Comuns com um solene: «*I open the budget*», abro a *bougette*, quer dizer, começo a gastar. É então publicado um opúsculo com o título *The Budget Opened*, cujo fito é descrever de forma crítica e sarcástica o uso que se faz dos fundos públicos. *Budget* entra assim no vocabulário corrente da Grã-Bretanha, com uma conotação pejorativa, que se esvanecerá progressivamente. A anglomania que reina na França de meados do século XVIII retoma essa palavra, de que já ninguém se lembra então que é de origem francesa.

Entre João Sem Terra e 1733, os Estados aumentaram as suas necessidades e, portanto, as suas exigências, e já nenhuma bolsa literal é suficientemente grande para conter as despesas públicas. Em troca da Carta, a João é permitido levantar 60 mil libras. Se essa soma já não tem hoje qualquer sentido quando se compara com os números actuais do orçamento britânico, não deixa de permitir medir, para lá da inflação que inutilizou tantos instrumentos de medida, quanto o Estado soube fazer-se beneficiário do crescimento geral da economia.

Depois de João Sem Terra e Filipe Augusto, o aumento permanente de poder dos Estados conduziu a uma multiplicação de impostos e pagamentos de toda a ordem. Desde então, as histórias dos impostos abundaram e abundam ainda, fornecendo uma saga mais ou menos documentada da recusa de pagar em confronto com a capacidade imaginativa dos Estados para contrariar essa recusa.

A taxa óptima e as missões do imposto

Vasculhemos nessa longa história em busca de exemplos ilustrativos dos desafios fiscais. Escolheremos os exemplos tendo em conta não apenas o seu lado espectacular, mas também a sua relação com a teoria económica.

Com efeito, os economistas envolveram-se desde muito cedo em controvérsias fiscais e procuraram definir o que poderia ser o melhor imposto. Podemos considerar como ponto de partida que será o imposto que menos penalizar o crescimento económico para um determinado rendimento procurado. Vemos que, na realidade, para a população o imposto óptimo é o mais leve e mais precisamente – para aqueles que são chamados a pagá-lo – o melhor imposto é aquele que os outros pagarem. Sem desenvolver todos os meandros da teoria económica do imposto, podemos verificar que ela atribui três missões ao imposto:

UMA MISSÃO DE FINANCIAMENTO DAS DESPESAS PÚBLICAS

É a mais evidente. No final de século XVIII, Condorcet, na sua *Vida do Senhor Turgot*, conta que este fixava um limite superior ao imposto segundo uma lógica que hoje qualificaríamos de utilitarista. Se cada imposto pago constitui, para quem paga, uma inconveniência, a soma assim recolhida pelo

Estado é utilizada para fornecer serviços públicos que trazem alguma satisfação aos cidadãos. Se essa satisfação for superior à inconveniência, o imposto é legítimo. Quando se torna inferior, o imposto deve ser combatido. Princípio simples e são, cuja realização prática é mais delicada do que parece.

Com efeito, não há unidade prática de inconveniência e satisfação, de modo que se torna difícil medi-las. É o que justifica normalmente a existência de um processo orçamental democrático. Os representantes do povo têm por missão pesar e comparar receitas e despesas em termos de desutilidade e utilidade. É forçoso verificar que esse exercício democrático é por natureza aproximativo. Cada época fornece uma visão dele e anuncia o limiar além do qual os impostos se tornam confiscatórios. No final do século XVII, Vauban, autor de um livro célebre chamado *O dízimo real* [*La Dîme Royale*] fixava-o em 30%. Mas Quesnay reduzia-o a 20%. Mais recentemente, os economistas ganharam o hábito de se referir à curva de Laffer para propor a ideia de que existe efectivamente uma taxa óptima de imposto. Essa curva representa as receitas fiscais em função da taxa de imposto. Quanto a taxa é nula, também o são necessariamente as receitas. Mas acontece o mesmo quando a taxa é 100%. Com efeito, os agentes económicos deixam de fornecer um trabalho cujo produto seria integralmente confiscado pelo Estado, ou arranjam-se para que esse trabalho se faça fora da área de vigilância das autoridades públicas e, portanto, de qualquer possibilidade de tributação. Um resultado matemático simples mostra que, em tais condições, há uma taxa óptima de imposto, que é a que traz mais receitas ao Estado e que essa taxa não é a taxa máxima. De facto, sublinhemos o facto de a taxa máxima por definição igual a 100% ser sinónimo de receitas fiscais nulas. Concretamente, uma taxa excessiva, ao desencorajar o trabalho, reduz a riqueza global do país e, portanto, as receitas do Estado. Essa é a razão por que há situações em que o Estado tem interesse em baixar os impostos, se quiser receber maiores receitas.

UMA MISSÃO DE REGULAÇÃO DA CONJUNTURA ECONÓMICA

É aquilo a que os economistas chamam estabilização. Quando a procura numa economia é excessiva em relação às suas capacidades produtivas, ela enfrentará o que se chama inflação ou um défice externo. Um aumento de imposto desempenha então o papel de processo de retorno ao equilíbrio económico, pois elimina parte dessa procura excessiva. De igual modo, quando a economia passa por uma recessão, uma baixa dos impostos assegura um aumento do poder de compra, se favorecer as famílias, ou um aumento da capacidade financeira das empresas, quando a baixa é realizada em seu proveito. Nos dois casos, a descida de impostos aumenta a procura e, por fim, aumenta o mercado das empresas.

UMA MISSÃO DE CORRECÇÃO DAS EXTERNALIDADES

Os economistas designam por esse vocábulo as consequências de uma actividade económica que não se manifestam imediatamente nos preços dos bens trocados no âmbito dessa actividade. Há exemplos célebres: uma rede de transportes modifica os preços dos terrenos dos lugares não servidos, mas o preço do bilhete não integra essa modificação. A poluição modifica as condições de vida das pessoas sem que os preços sejam afectados. Os fumadores pesam nas despesas de saúde sem que as tabaqueiras assumam encargos directos dos cancros do pulmão. Um imposto sobre os terrenos no primeiro caso, uma taxa «carbono» no segundo e uma taxa sobre o tabaco no terceiro permitem recuperar uma parte das vantagens indevidas, corrigir hábitos nefastos e financiar as consequências indirectas dessas actividades.

O caso do tabaco permite alargar a interpretação da fiscalidade. Esta tem uma dimensão política, na qual o aspecto punitivo e até mesmo confiscatório pode ganhar proeminência relativamente às considerações económicas. É então utilizada para recuperar bens mal adquiridos e relativamente aos quais a sabedoria popular reclama que nunca são benéficos, ou para tentar reconduzir ao bom caminho certos indivíduos, tornando muito caro o preço de certos produtos (é o caso do tabaco, mas também do álcool ou da pornografia).

Vauban, primeiro teórico da fiscalidade moderna

Vauban desaparece em 30 de Março de 1707. Acabava de publicar *O dízimo real*, um texto fiscal que o historiador do pensamento económico Joseph Schumpeter considerou que «atingiu cumes raramente igualados». Se as evocações de Vauban se concentram frequentemente na sua obra militar, seria injusto esquecer essa obra, à qual, de resto, se faz referência no monumento à sua memória, que Napoleão mandou erguer nos Invalides, em 1808.

A vida de Vauban foi feita de solidão. Nascido na Borgonha, foi educado só, por um cura de aldeia. Em adulto, mantém relações estritamente formais com a esposa, ao ponto de exigir a sua ausência no casamento da filha mais nova, que é muito próxima dele. E também ao ponto de prever no seu testamento a entrega de quantias significativas àqueles que estima poder considerar seus filhos naturais.

Vauban percorre de lés-a-lés o país, de cidadelas em construção a cercos a dirigir, e consagra o seu tempo livre à escrita. Verte as suas ideias numa série de textos que intitula *Mes oisivetés* (Os meus ócios), e que tratam de múltiplos assuntos, da construção militar à criação de porcos, passando pelo recenseamento da população. Redige *O dízimo real* em 1698. Por prudência, atrasa a sua publicação. Convém dizer que a publicação em 1689 da sua *Mémoire sur le rappel des Huguenots* (Memória sobre a chamada de volta dos Huguenotes) desiludiu e irritou Luís XIV.

Feito marechal em 1703, ao afastar-se da vida militar, sente-se mais livre em 1707.

O seu argumentário fiscal antecipa o de Laffer: um imposto demasiado leve é uma limitação para o Estado, um imposto demasiado pesado, uma limitação para a economia. Mas não é o que se poderia chamar um «ultraliberal». Escreve: «todos os súbditos de um Estado têm necessidade da sua protecção, sem a qual não poderiam subsistir». O Estado é necessário, não se trata de o reduzir por princípio, antes de encontrar a taxa óptima de imposto. No final do prefácio do seu livro, resume a sua filosofia: há «uma obrigação natural dos súbditos de todas as condições de contribuir, em proporção do seu rendimento ou da sua indústria, sem que nenhum deles possa razoavelmente se eximir». Acrescenta que «a isenção de contribuição é injusta e abusiva».

O sistema de Vauban assenta nestas duas frases: o imposto eficaz é um imposto directo sobre o rendimento, pago por todos. Vauban propõe, em consequência, um pagamento sistemático sobre a produção a uma taxa progressiva que varia entre 5% e 10%. O imposto moderno que estaria mais próximo desse pagamento de 10%, desse dízimo, é a Contribuição Social Geral (a CSG – TSU). Completa este dispositivo com uma reforma da gabela (imposto sobre o sal), tornada absurda com o passar do tempo. Completa-o, por fim, com impostos «morais», como um sobre as perucas, pois o prazer da ostentação merece sanção.

A sua proposta de reforma choca com várias críticas. As que vêm, surdas, da Corte, onde não se paga impostos, dos nobres que asseguram que servem o Estado e não têm de o manter. É posta em marcha uma acção judicial, que termina em condenação. O procurador é um Turgot, antepassado do célebre economista liberal, que, também ele, entrará em choque com os privilegiados.

Outras serão críticas mais pessoais, como as de Chamillart, o intendente das finanças à época. Nomeado pelo seu talento ao bilhar (perde sempre para o rei, mas sem que a derrota seja demasiado rápida, dando assim a impressão de uma vitória real de alta disputa), detesta Vauban por razões familiares. Nesse ano de 1707 a Europa está dilacerada pela Guerra de Sucessão de Espanha. O genro de Chamillard, o Senhor de La Feuillade, criador da Place des Victoires em Paris, conduz o cerco de Turim. De forma catastrófica, clama Vauban...

Chamados à contenda, os serviços de Chamillard empenham-se em demonstrar a incoerência das ideias de Vauban. Chamam a atenção para a fraqueza intrínseca do seu sistema: este prevê, com efeito, que o pagamento de 10% será feito em bens. Imagina celeiros onde o fisco faria o entreposto de 10% das colheitas e deles se desfaria no decurso das suas necessidades. Em vez de receber o imposto em espécie e gerar um Tesouro monetário, o Estado reiventaria a troca directa e far-se-ia regulador dos mercados agrícolas!

O século XVIII não gosta de Vauban...

O século XVIII vai ultrapassar essa crítica para se concentrar na oposição à ideia de imposto directo, preferindo uma combinação de impostos indirectos, que têm a preferência de Montesquieu ou Adam Smith, e de imposto sobre o capital, muito defendido pelos fisiocratas.

Estes últimos afirmam, com efeito, que se a propriedade é um direito, ela implica deveres, designadamente a valorização do património detido. Face a Vauban, que defende um imposto-contribuição, os fisiocratas militam pelo imposto-incitamento. Para Vauban, o risco fiscal é o do desencorajamento, para os fisiocratas, é o de deixar que se adormeça sobre o adquirido. Debate sempre actual, entre uma fiscalidade de fluxos, fiscalidade sobre o rendimento, que beneficia do crescimento e aceita amortecer-lhe os choques, e uma fiscalidade de *stock*, que incita à expansão regular, exigindo uma rentabilização permanente do património, mas que não tem em conta os imprevistos fortuitos da conjuntura.

O século XVIII é, de facto, globalmente hostil a Vauban. No *L'homme aux quarente écus* (*O homem dos quarenta escudos*), Voltaire, verificando que os exemplos de que ele se serve em *O dízimo real* são da Normandia e não da sua Borgonha natal, afirma que o verdadeiro autor do livro é Boisguilbert, um normando excêntrico considerado hoje um dos fundadores da economia política. Ligado durante algum tempo a Vauban, ter-lhe-ia permitido atribuir-se a autoria do texto, para se assegurar da sua publicação.

Laclos – autor das *Liasions dangereuses* (*Ligações perigosas*) – vai mais longe: para ele, não só Vauban nada trouxe às finanças públicas, uma vez que não escreveu *O dízimo real*, mas, quando muito, arruinou-as com as suas fortalezas inúteis. «Quem poderá louvar o Sr. de Vauban, que custa à França mais de metade da actual dívida do Estado para deixar a descoberto parte das suas fronteiras e não dando à outra senão fracas defesas?», protesta em 1787 Laclos, num panfleto intitulado *Sur l'éloge de Vauban* (Sobre o elogio de Vauban)!

... e torna-se decididamente inglês!

Uma vez que foi em Inglaterra que se pôs em prática um sistema de controlo orçamental pelos representantes do povo, a partir do século XIII, completado pela criação de um banco central em 1694, é para Inglaterra que nos voltamos agora, para encontrar uma visão original e bastante completa do imposto, incorporando a dimensão correctiva da fiscalidade. Procurá-la-emos.

Nascido em 1711, o célebre filósofo David Hume foi igualmente historiador, diplomata – foi encarregado de negócios em Paris imediatamente a seguir à Guerra dos Sete Anos – e economista. É o primeiro teórico sistemático do reequilíbrio automático da balança corrente em situação de padrão-ouro, teoria conducente à condenação das teses e práticas mercantilistas.

Mas o que aqui nos interessa é a sua abordagem à fiscalidade. Expõe-na num texto de 1752. A sua visão é original, no sentido em que não associa sistematicamente o crescimento económico a baixas taxas de imposto, como o poderá fazer mais tarde Laffer. Se afirma, com efeito, como toda a gente, que uma taxa excessiva penaliza a criação de riqueza, defende a ideia relativamente original de que uma taxa baixa incita à ociosidade. Para ele, uma certa adversidade incita ao trabalho, à imaginação e ao comércio. E o imposto é uma forma de adversidade... O imposto de Hume é correctivo, como o imposto sobre o tabaco, mas o que corrige, se bem doseado, é a preguiça. A externalidade negativa fundamental da sociedade é a preguiça. É assim que afirma:

> Quando um imposto é levantado sobre os bens que as gentes comuns consomem, a consequência natural parece ser a de que os pobres têm de cortar alguns gastos no seu modo de vida, ou aumentar os seus salários, de forma a fazer recair o fardo do imposto inteiramente sobre os ricos. Mas há uma terceira consequência, que amiúde resulta dos impostos, a saber, que os pobres aumentam a sua indústria, trabalham mais e vivem tão bem como antes, sem exigir mais pelo seu trabalho. Quando os impostos são moderados, estabelecidos gradualmente, e não afectam o necessário para viver, segue-se esta consequência natural; e é certo que tais dificuldades servem frequentemente para excitar a indústria de um povo e torná-lo mais opulento e laborioso do que outros, que gozam das maiores vantagens. Pois podemos observar como caso paralelo que as nações mais comerciais nem sempre possuíram a maior extensão de terra fértil; mas, pelo contrário, trabalharam em muitas desvantagens naturais ([4]).

([4]) Traduzimos, aqui e na passagem que se segue, a partir do original, *Essays and Treatises on Several Subjects, Of taxes*, David Hume, Miller Edition, disponível *on-line*, em < http://www.davidhume.org/ >*(N.T.)*.

E conclui o seu argumento nestes termos:

> Não pretendo ser apologista de todas as taxas e impostos. Concordo, pelo contrário, que, semelhantes à extrema necessidade, destroem a indústria e reduzem o povo ao desespero se forem exorbitantes (...). Mas resta que, *se os impostos forem moderados e repartidos com igualdade, contribuem para o progresso da indústria* (⁵).

Ser pago... em palavras

Tendo exercido, entre 1763 e 1766, as funções de encarregado de negócios do Reino Unido em Paris – o que equivalia a ser embaixador sem ter o título –, Hume conhece bem a França. Nota, a propósito, que a boa vida que aí reina é tal que há tendência para a despreocupação se instalar. Nessas condições, para Hume, uma pequena pressão fiscal seria bem-vinda...

Na época em que emite as suas considerações sobre a necessidade de incitar os franceses à acção pelo imposto, um francês entra na lenda pelos seus aumentos de impostos. Trata-se de Étienne de Silhouette, nomeado inspector-geral das Finanças, em 1759.

A França está em plena Guerra dos Sete Anos e o esforço militar deteriora as suas finanças já frágeis. Silhouette tem por missão restabelecer a situação. Põe-se ao trabalho com alguma coragem e não sem ingenuidade, pois pensa que a guerra vai incitar a população a aceitar sacrifícios. É assim que tenta diminuir as pensões e rendimentos diversos recebidos pelos nobres, e criar um imposto sobre o rendimento que abranja toda a gente. Para evitar qualquer fraude fiscal, concebe um imposto simples e incontestável, o imposto sobre as portas e as janelas. Os nobres atingidos enfurecem-se. No salão muito elegante de Madame de Deffand, onde desde 1749 tudo o que é influente

---

(⁵) David Hume, *Essai sur les taxes*. É um dos sete ensaios económicos que se encontram em *Essais moraux, politiques et littéraires et autres essais*, PUF, 2001. O excerto em itálico é sublinhado do autor. – Seguiu-se neste trecho a citação feita pelo autor *(N.T.)*.

em Paris tem o hábito de se reunir ao serão de segunda-feira, organizam-se exercícios de retenção da respiração. Porquê? Para treinar, pois pelo andar das coisas, Silhouette vai em breve criar um imposto sobre o ar!

Oito meses depois da sua nomeação Silhouette terá de se demitir, deixando as finanças sempre desequilibradas, ideias de impostos novos inaplicados e um nome que se tornará comum. Várias explicações circulam sobre essa antonomásia.

A primeira é que os seus inimigos se divertiam a caricaturá-lo, desenhando-o com contornos simplificados. A segunda relaciona-se com a iniciativa de um alfaiate, que concebeu umas calças, à época umas calças curtas, sem bolsos, pois Silhouette tinha levado tudo, tendo os ditos bolsos, que serviam normalmente para guardar uma bolsa, perdido qualquer utilidade. E essas calças, que estreitavam o recorte, davam uma bela... silhueta. A terceira é a de que uma silhueta é um perfil apenas entrevisto, lembrando que Silhouette teve uma carreira de ministro de tal modo curta que quase não houve tempo para o ver...

Como se os contribuintes quisessem esquecer a personagem do inspector de Finanças para melhor guardar a palavra, o século XIX, designadamente através da definição de Littré, persuadiu-se que Silhouette, retirado da vida activa, se entregava ao estranho prazer de recortar retratos em papel.

Do imposto às «contribuições»

Contribuintes, dizíamos nós, pois a partir do século XIX é o termo de referência para designar o sujeito fiscal passivo. Já anteriormente usada, a palavra torna-se effectivamente incontornável quando os Estados Gerais decidem, no braço de ferro em que se envolvem com um poder real em plena decomposição, suprimir os impostos em 14 de Junho de 1789. Fizeram-no com tanto mais entusiasmo quanto Rousseau, cujos escritos inspiraram os revolucionários de 1789, tinha largamente contribuído para o descrédito da palavra «imposto» no seu discurso sobre a economia política. Lembrava, com efeito, que até ao século XVI, um «impostor» era aquele que inventava impostos. E com o tempo, a palavra tornou-se sinónima de mentiroso que usa mentiras para desviar dinheiro.

Eleitos para validar os aumentos de impostos que Necker pretende pôr em prática, os Estados Gerais, que se reuniram em Maio de 1789, fazem tudo para atrasar os aumentos. Põem o problema em termos de direitos políticos e procuram paralisar um poder cujo objectivo último é ficar com parte dos seus rendimentos. Ao substituir os impostos por contribuições, provocam o poder e ao mesmo tempo manifestam a nova vontade da população de assumir as suas responsabilidades numa França em plena turbulência. Acabaram-se pois os impostos, e eis chegadas as contribuições que traduzem o entusiasmo popular e o respeito pela coisa pública, respeito doravante retirado aos «impostores reais».

O entusiasmo será, porém, de pouca dura, mesmo se o departamento (⁶) que em 1790 mais generoso se mostrou receba como recompensa o privilégio de dar o seu nome a uma das praças mais prestigiadas de Paris: trata-se do departamento dos Vosgues.

Morreram os impostos, viva as contribuições! A Revolução serenada toma a forma de Directório e vai fazer com que as contribuições, por certo movidas sempre pelo espírito cívico, sejam fáceis de recolher e pouco susceptíveis de fraude.

Simplificar ou ser justa: fiscalidade indiciária e fiscalidade declarativa

É assim que nasce em 1797, com base numa ideia herdada de Silhouette e já aplicada no Reino Unido, um imposto sobre

---

(⁶) Divisão administrativa do território francês (*N. T.*)

as portas e as janelas. Inicialmente criticado por prejudicar a higiene, subsiste até 1926.

Os teóricos da fiscalidade distinguem dois tipos: fiscalidades indiciárias, com uma base tributária simples de definir, mas que representa imperfeitamente a capacidade contributiva dos sujeitos passivos; fiscalidades declarativas, em que se pede com muita precisão aos sujeitos passivos que declarem o que podem pagar, com o risco de se verificar a mentira.

O imposto sobre as portas e janelas é indiciário: o número de aberturas de uma casa depende da sua dimensão e pode pensar-se que quanto mais rico alguém é, mais vasto o seu domicílio. Todavia, o método é apenas aproximativo e no curto prazo esse género de impostos ignora os reveses imediatos da fortuna. Em contrapartida, o imposto sobre o rendimento apoia-se na realidade económica dos sujeitos, mas exige a existência de um aparelho de controlo importante para fazer com eles joguem o jogo e declarem realmente o que ganham.

A simplicidade faz a força da fiscalidade indiciária, mas transforma-se em fraqueza quando se torna redutora e até mesmo grosseira. A precisão faz a força da fiscalidade declarativa, mas torna-se fraqueza quando tem de perseguir sem descanso o contribuinte. Resultado, o Directório, poder fraco e desorganizado, faz acompanhar a «bancarrota dos dois terços» de 1797 por uma reconstrução das finanças públicas fundada sobre a facilidade que lhe proporciona o imposto sobre as portas e as janelas.

Aprofundemos a nossa análise e olhemos mais de perto essa fiscalidade do Directório, que forneceu ao Estado os seus recursos durante todo o século XIX e que sobreviveu através de avatares diversos da fiscalidade local.

Essa fiscalidade combinava duas abordagens: a primeira, teórica, havia saído das ideias dos fisiocratas, os economistas do século XVIII com quem já nos cruzámos na pessoa de Quesnay e Turgot, duas das suas figuras mais emblemáticas. As ideias dos fisiocratas dominavam o espírito dos constituintes de 1790, quanto mais não seja porque um dos mais ilustres dos seus representantes era membro da Assembleia Constituinte. Tratava-se de Pierre Samuel Dupont. Eleito por Nemours, para se distinguir de um colega homónimo juntou ao seu nome o do seu círculo – de Nemours –, direito que lhe assistia depois de uma decisão de Luís XVI, de 1783, autorizando-o a nobilitar-se artificialmente. Hoje é sobretudo conhecido por ter escolhido o exílio nos Estados Unidos, depois do golpe de Estado de Bonaparte. De facto, fundou com o seu filho uma empresa química que se tornou lendária.

Para Dupont de Nemours e os seus amigos fisiocratas, a fiscalidade devia assentar na terra, fonte primeira de toda a riqueza. O imposto fisiocrático tem por objectivo incitar os proprietários a valorizarem a sua terra. Quem se mostrar incapaz de rentabilizar a sua propriedade e obter um rendimento superior ao imposto exigido deve ser empurrado para a falência. É então obrigado a vendê-la a alguém mais dinâmico do que ele, capaz de retirar da terra um rendimento correcto.

Essa fiscalidade é uma fiscalidade sobre o capital e está mais próxima do imposto de solidariedade sobre a fortuna (ISF) do que de qualquer outro aspecto da nossa fiscalidade moderna. Um fisiocrata teria condenado sem apelo os avatares sucessivos do limiar de isenção fiscal: para ele, quem não consegue retirar do que detém os meios para pagar o imposto não é digno de continuar a ser proprietário desses bens. A propriedade é um direito, inalienável para todos os filósofos do século XVIII, mas que, como todos os proprietários, comporta deveres. E o dever em questão é o de fazer frutificar o seu património e criar a riqueza que melhore o bem-estar geral.

Portas, janelas, chaminés...

A essa fiscalidade fisiocrática de 1790 vem pois juntar-se, em 1798, o imposto sobre as portas e janelas, nascido da urgência, depois da «bancarrota dos dois terços». De concepção sumária, esse imposto tem uma tripla vantagem devida à sua natureza indiciária: suscita pouco contencioso, pois oferece poucos motivos de contestação; é de cálculo rápido e fácil liquidação; é previsível, tanto para o contribuinte como para o fisco. Porém, os dirigentes da época sentem que ele tem qualquer coisa de ilegítimo. Enquanto os impostos fisiocráticos de 1790 recebem o nome de «contribuição», símbolo da sua aceitação geral pela população, ele recebe o nome de «imposto», que indica que a sua lógica era apenas a de fornecer urgentemente e sem estados de alma receitas ao Estado.

Exemplo entre outros de uma medida provisória que dura, o imposto sobre portas e janelas só em 1926 desapareceu por completo, em benefício do imposto sobre o rendimento, e depois de ter sido denunciado múltiplas vezes, por obrigar os franceses a viver na penumbra. Pois sempre prontos a estigmatizarem o imposto, o contribuinte e os seus defensores atacaram o imposto do Directório, em nome das famílias que sufocavam no ar viciado das casas sem janelas. Mas o fisco sabe muitas vezes dar prova de imaginação para contornar as críticas.

Foi o caso dos Países Baixos. No início do século XIX, o imposto sobre as portas e as janelas espalha-se pela Europa, ao ritmo das vitórias de Napoleão. Em 1815, apesar da derrota francesa, continua na base da fiscalidade dos Estados que renascem sobre os escombros do Império. Nos Países Baixos como por todo o lado, além do facto de ser herança do período napoleónico, é acusado de prejudicar a saúde. É então substituído por um imposto sobre as chaminés... Este tem a vantagem de ser igualmente fácil de calcular: o agente do fisco que até aí contara portas e janelas da rua conta agora com a mesma facilidade as chaminés do tecto. A redução do seu número para aqueles que querem reduzir a factura fiscal terá por consequência limitar o aquecimento. Quer dizer que preserva a floresta e portanto confere ao imposto uma justificação moral – já na altura o ambiente...

Fiscalidade moral: a creche de Haifa

Saltando sobre o exemplo holandês, vejamos o caso em que a fiscalidade se pretende moral. Fundar um raciocínio fiscal quase exclusivamente sobre considerações de ordem moral ou política pode conduzir ao resultado inverso do pretendido. Para os economistas, a melhor ilustração do facto de as boas intenções poderem ser frustradas, ou de os resultados de uma medida fiscal nem sempre estarem à altura das expectativas é aquilo a que se chama o «paradoxo da creche de Haifa». De que se trata?

Estamos em Haifa, em Israel, nos anos 90. Na principal creche da cidade os pais devem vir passar a buscar os seus filhos às 17 horas. Ora, o pessoal queixa-se dos atrasos repetidos dos pais. Para evitar que o fenómeno se alastre, o presidente da Câmara faz distribuir um panfleto lembrando as regras de funcionamento do estabelecimento, no qual é particularmente sublinhado que a pontualidade faz parte dos elementos constitutivos da vida em sociedade. Resultado, o número de atrasos diminui. Todavia, dois ou três pais obstinados continuam a ignorar os horários e a vir buscar os seus filhos depois do encerramento. Irritado, o autarca reage com determinação e mesmo brusquidão, e afixa uma tabela de multas por hora de atraso. O resultado, desta vez, apanhá-lo-á completamente de surpresa. Com efeito, choca com o objectivo visado: a maior parte dos pais paga as multas e só chega às 20 horas. Ao dar um valor monetário à ausência de pontualidade, a medida tomada permite aos pais reavaliar a sua natureza profunda. Fazem o cálculo ao qual se referia Condorcet e comparam o inconveniente do pagamento da multa pelo atraso com o benefício que lhes vem de um acréscimo de tempo livre.

De facto, o imposto, que supostamente orienta a acção dos contribuintes, modifica as suas hierarquias morais e permite--lhes até desfazerem-se dos seus princípios éticos de referência. Esta parábola é agora sistematicamente recordada nos debates sobre as fiscalidades morais: os direitos pagos sobre o tabaco convenceriam o fumador de que, tendo pago bastante à sociedade, está em posição de fazer o que quer e de lhe recusar autoridade para qualquer crítica ao seu comportamento; da mesma forma, as taxas ditas de «carbono» sobre os produtos petrolíferos ou sobre o carvão desoneram psicologicamente os poluidores, que consideram não ter mais contas a prestar depois de pagas as taxas.

Baixar os impostos

Desde a eleição de Reagan nos Estados Unidos, em 1980, todos os governos proclamaram a necessidade de baixar os pagamentos obrigatórios ao Estado. Em França, foi um presidente socialista, François Mitterrand, que, por ocasião da viragem para o chamado rigor, de 1983, a inscreveu na ordem do dia. Para a justificar, toda a gente se refere a Arthur Laffer, o economista que, como já vimos, teorizou o conceito de taxa óptima de imposto.

Nasceu em 14 de Agosto no Ohio. Segue os estudos de economia em Yale e, depois, em Standford, onde obtém o doutoramento em 1972. Não é apenas um economista académico. É também, e sobretudo, um militante. Agastado com a oposição estudantil à Guerra do Vietnam, que julga mais frouxa do que reflectida, adere ao Partido Republicano.

Em Dezembro de 1974, janta com Jude Wanniski, um jornalista conservador, e dois quadros republicanos que teriam um grande futuro, Dick Cheney e Donald Rumsfeld, que serão elementos-chave da administração Bush, entre 2000 e 2008. Tema do jantar: como apagar Watergate, o escândalo que forçou Nixon a deixar a Casa Branca em Agosto de 1974 e que faz correr ao Partido Republicano o risco de ser condenado a longos anos de oposição. Wanniski e Laffer militam por uma recentragem nos problemas internos e propõem que o Partido Republicano se torne o campeão de uma baixa generalizada de impostos. Rumsfeld acha a proposta irresponsável, pois, diz ele, os EUA têm necessidade de recursos fiscais elevados para manterem a sua supremacia militar. Laffer defende que, ao baixar as taxas de imposto, obter-se-á um reforço do crescimento e, portanto, um acréscimo das receitas, e, por fim, uma maior capacidade de despesa. Para explicar o paradoxo, traça sobre a toalha de papel do restaurante aquilo que se tornará a «curva de Laffer».

Brandindo por todo o lado o seu desenho, Laffer passa à acção. Em 1978 redige a «proposta 13», um texto votado em referendo pelos californianos que prevê um redução de 30% do imposto sobre a propriedade imobiliária. É o começo da redução de impostos nos Estados Unidos.

Em 1981, Laffer torna-se conselheiro de Ronald Reagan e insta-o a reduzir bastante os impostos. O resultado será decepcionante: as baixas de imposto *ex ante* são significativas, mas as receitas fiscais *ex post* não vão ao encontro do previsto, de tal modo que o défice orçamental dispara. O vice-presidente à época é George Bush. Assustado com o caminho que o défice está a levar, tenta convencer Reagan a voltar atrás e dar sinais de maior moderação. Para o convencer, vai ao ponto de falar em «economia vudu». Laffer mantém o seu ponto de vista. É verdade que a sua teoria tem qualquer coisa de irresistível. Mas a prática esbarra com uma dificuldade: ninguém conseguiu determinar claramente a taxa de imposto óptima. Certo é que, numa primeira fase, a população rejubila com as baixas de impostos e se estas não aumentam o crescimento do país, pelo menos aumentam a popularidade de quem as consente.

Receitas não fiscais

O Estado pode tentar aumentar os seus recursos procurando evitar a ira do contribuinte. Pode associar o pagador dando-lhe a impressão de que lhe é deixada alguma liberdade. Quer dizer que o Estado pode tornar-se gestor, comercial e vendedor. Em geral, nesse caso, baseia-se numa actividade de que tem o monopólio e beneficia da renda que essa situação comporta. O exemplo célebre do Estado vendedor, por instituição de um monopólio, vem de Vespasiano, imperador romano do século I. Garantiu ao Estado o monopólio da colheita de urina e, depois, da sua comercialização. Esta era utilizada em Roma como detergente. Indignados com o facto de o Estado se estar a financiar a partir de um produto tão vil, os senadores pediram contas a Vespasiano, que lhes respondeu com uma máxima hoje celebérrima: «*Pecunia non olet*» («o dinheiro não tem cheiro»).

O Estado é em geral menos audacioso nas suas escolhas e é mais comum que moralize hipocritamente. O tabaco é um dos exemplos que melhor ilustra este procedimento.

Em França, foi Colbert que fez em 1674 do tabaco um dos elementos-chave das receitas públicas. Foi a Jean Nicot que se ficou a dever a introdução do tabaco em França. Esse filho de notário, nascido em Nîmes em 1530, torna-se embaixador da França em Portugal. No século XVI, Lisboa é lugar de passagem dos marinheiros. São muitos os que ganharam o hábito de apreciar o tabaco. Vendo-os agir, Nicot decide em 1560 enviar algumas saquetas de pó de tabaco à rainha Catarina de Médicis, para acalmar as enxaquecas do filho, o rei Francisco II.

Originária da América, a planta foi «descoberta» por Cristóvão Colombo em 1492, aquando da sua primeira viagem ao continente, onde os índios já fumavam para comunicar com os espíritos. A descoberta foi feita na ilha de Cuba, de modo que de certa maneira se pode dizer que Cristóvão Colombo foi o primeiro fumador de Havanos da história. O primeiro cigarro do explorador tornou-se de tal modo mítico que outras ilhas se puseram a reivindicar a honra de ser o local do acontecimento. Foi assim que a Ilha de Tobago escolheu o seu nome para afirmar o seu direito de preempção histórica dessa aventura... Obcecado pelo desejo de encontrar uma via para chegar à China, Colombo traz para Espanha algumas plantas de tabaco, sem poder avaliar o impacto que elas virão a ter na vida da humanidade.

Introduzido na corte por Nicot, o tabaco permanece por muito tempo um produto marginal. Richelieu pressente, porém, as potencialidades do produto e cria em 1629 um direito alfandegário muito elevado sobre a sua importação. Sete anos mais tarde, a França produz as suas primeiras plantas.

Em 1674, Colbert apodera-se do negócio. Luís XIV está como sempre em busca de meios financeiros. Tem apenas uma vaga ideia do que seja o tabaco. Colbert instaura o monopólio público da venda do produto, argumentando perante Luís XIV que aquele, ao tender a criar dependência – ainda não se fala de adição, palavra inglesa (*addiction*) introduzida depois na língua francesa –, tornará por certo o rendimento da operação particularmente elevado. Além disso, para que o rei não dê a impressão de tornar indevidamente mais pesados os encargos dos franceses, Colbert relembra que ninguém é obrigado a consumir tabaco e que é até sinal de sabedoria procurar dissuadir a população de o fazer. O tabaco é para o Estado uma oportunidade excepcional. O seu consumo é inelástico em relação ao preço. E a sua reputação, pelo menos ao princípio, é ambígua. É assim que Molière se pode permitir pôr na boca de Sganarelle, o criado de D. Juan, no começo da peça, um elogio exagerado do tabaco... Em 1681, o Estado arroga-se pois o monopólio da fabricação. Depois, em face do peso da tarefa, decide arrendá-lo. E a primeira beneficiária da operação é a muito avisada Madame de Maintenon, quer dizer, a favorita de Luís XIV, que se tornará sua mulher em 1683...

Conclusão: a fiscalidade moderna

Desde João Sem Terra que a fiscalidade alimentou muitas fantasias políticas. No debate recente em França, como de resto em muitos países europeus, o restabelecimento das finanças públicas foi sobretudo concebido como resultado de uma nova subida de impostos, ao passo que existe margem para redução das despesas públicas, num país que lhe consagra 56% do seu PIB, incluindo 12,5% para remunerar os funcionários públicos [ver nota 9 do capítulo 3 para dados de Portugal].

Além de trazer recursos ao Estado, a fiscalidade é frequentemente pensada na sua componente punitiva. Mas apresenta-se essa componente como factor de justiça social. O século XX aumentou consideravelmente o peso da fiscalidade, mas fê-lo ao ritmo do discurso da redistribuição e da justiça. Quer ela incida sobre os rendimentos, o que é o caso em França desde 1914, ano da criação do imposto sobre o rendimento que veio substituir o das portas e janelas, ou vise o património através, por exemplo, do ISF, que nasceu em 1981 com o nome de IGF (imposto sobre as grandes fortunas), a fiscalidade francesa é sistematicamente analisada como um meio para reduzir as desigualdades. Se, no plano estatístico, é incontestável que a baixa do rendimento dos mais ricos por via fiscal os aproxima dos menos favorecidos, a abordagem não deixa de ser puramente punitiva.

Podemos pois afirmar que a fiscalidade atinge muito rapidamente os seus limites na redistribuição, no sentido em que ela penaliza mas não constrói. Os partidários do seu uso de forma punitiva defendem-se, porém, sublinhando que os seus benefícios são indirectos mas reais para os pobres, pois as somas recolhidas entre os ricos servem para financiar acções que os favorecem.

Este argumento de uma acção indirecta da fiscalidade em favor dos mais carecidos alinha, é certo, com as abordagens económicas modernas sobre o uso da política orçamental, mas perverte-as e passa ao lado do essencial.

Com efeito, as missões económicas do Estado foram definidas por Robert Musgrave e coincidem com as missões da fiscalidade acima descritas.

São três:
– *A primeira é a função de alocação.* O Estado deve intervir na alocação de recursos para atingir objectivos julgados económica e socialmente mais satisfatórios do que os que resultam do mercado. É a gestão das externalidades de que já falámos.
– *A segunda é a função de redistribuição.* O Estado procura em geral corrigir a repartição inicial de rendimentos a fim de reduzir as desigualdades.
– *A terceira é função de estabilização.* Nesta lógica, o Estado dá-se como objectivo assegurar um crescimento económico equilibrado, quer dizer, de fazer por assegurar o pleno emprego sem inflação e sem défice externo. Essa função concretiza-se na condução das políticas orçamental e monetária, visando alisar os *desvios conjunturais*, quer dizer, as evoluções cíclicas.

A redistribuição no sentido estrito do termo, aquela que está definida na segunda alínea, releva do bom uso da despesa pública, de modo que lhe dedicaremos o capítulo seguinte. Aquilo que faz falta aos pobres não é o abaixamento dos ricos, mas um bom funcionamento dos serviços públicos, que lhes permita melhorar o seu nível de vida ou fornecer aos filhos, através da despesa na educação, perspectivas novas. Em contrapartida, a luta contra as externalidades e a estabilização, isto é, a componente anticíclica da política orçamental, releva efectivamente da fiscalidade.

Actualmente, os economistas retiraram da longa história do imposto a ideia de que a componente de estabilização deve assentar na fiscalidade sobre as empresas. Com efeito, no esquema usual, o ciclo é devido a evoluções combinadas das existências e dos investimentos, quer dizer, fundamentalmente ao comportamento das empresas. Isso significa que é preciso reduzir os tipos de impostos aplicados às empresas, reduzindo-os aos que têm um papel de estabilização automática. Dito de outra forma, impostos que baixam quando as empresas estão em dificuldade e devem reconstituir a sua margem, e que aumentam em período de sobreaquecimento. Em França, relativamente à fiscalidade actual, isso supõe reconduzir a fiscalidade das empresas a um imposto sobre os proveitos de taxa uniforme, sem exoneração, pois a vocação da fiscalidade não é tentar orientar a produção para um ou outro tipo de actividade, disso se encarregando o mercado e as expectativas dos consumidores. A taxa poderia ser de 15% ou 12,5% como em certos países europeus. Suprimir o imposto sobre as sociedades com vista a tornar o território mais atractivo para o investimento pode parecer sedutor, mas seria contraproducente, pois seria ignorar o papel anticíclico desse tipo de imposto.

A dimensão da luta contra as externalidades pertence à fiscalidade das famílias. E uma vez que hoje a externalidade sentida como mais perigosa é a poluição e a degradação do ambiente, a boa resposta é a aplicação de uma fiscalidade verde. O contribuinte aceitará plenamente sê-lo se o seu esforço não financiar apenas o Estado, mas concorrer para preservar o futuro.

Hume contava com a fiscalidade para levar as pessoas a trabalhar. Utilizemo-la para as incentivar a poupar o planeta e apliquemos, além disso, uma fiscalidade tão simples quanto possível. Significa isso uma *flat tax* sobre os rendimentos do tipo CSG [TSU] para cobrir as necessidades do Estado (sendo o imposto progressivo punitivo e não respondendo de forma alguma ao problema da redistribuição), e uma taxa carbono coerente e com escalões elevados para modificar positivamente os comportamentos. Em França, essa taxa existe na forma de um imposto sobre o automóvel (o TIPP). O objectivo deveria agora ser o de fazer dele uma autêntica taxa carbono, mesmo que isso agravasse as actividades fortemente consumidoras de energia fóssil como a agricultura.

Em toda a reforma fiscal, há ganhadores e perdedores. É por isso que convém evitar multiplicá-las. E é por isso que a democracia foi criada para as assumir. Como dizia no seu tempo Adam Smith, o crescimento assenta na paz, designadamente na paz civil, isto é, em particular sobre a ideia de que parte da população não pode estar permanentemente sob a ameaça de predação dos frutos do seu trabalho, sobre uma justiça eficaz, e em particular sobre leis estáveis e duráveis, e uma *fiscalidade leve*.

Bibliografia

Gabriel Ardant, *Histoire de l'impôt*, Fayard, 1971.
Gabriel Ardant, *Histoire financière, de l'Antiquité à nos jours*, Gallimard, 1976.
Stephen J. Dubner, Steven D. Levitt, *Freakonomics*, Gallimard, «Folio», 2007.
Jean Favier, *Les Plantagenêts, origine et destin d'un empire*, Fayard, 2004.
Vauban, *Project de dîme royale*, L'harmattan, 2004.
Michel Vergé-Franceschi, *Colbert, la politique du bon sens*, Petite Bibliothèque Payot, 2005.

LIÇÃO 3

GASTAR COM OS POBRES

Para se obter a uma fiscalidade leve o melhor é ter uma despesa pública ela própria moderada. A questão que se põe em matéria de despesas públicas é pois a seguinte: quanto gastar e para quê? Desde o início que o Estado defende a sua acção afirmando que age para o bem da colectividade. Isso tem mesmo um nome: serviço público. Porém, em todas as épocas persistiu a dúvida sobre a pertinência desse tipo de discurso.

Maquiavel e Rousseau contra a despesa pública

A prova dessa dúvida está patente no facto de os primeiros teorizadores da política terem recomendado aos dirigentes que fossem frugais. É o caso nomeadamente de Maquiavel. No seu livro *O Príncipe*, publicado em 1515, dá conselhos ao governo de um tal cinismo que alguns afirmaram que agia mais como provocador do que como analista político. Recomenda designadamente aos dirigentes a «avareza», mais do que a «liberalidade». Tomemos um extracto do capítulo XVI do *Príncipe* ([7]):

([7]) Seguimos o original italiano *Il Principe*, Niccolò Machiavelli, Einaudi, 1972, edição a cargo de Luigi Firpo (*N.T*)

> (...) se quiser manter entre os homens o nome de liberal [quer dizer, generoso, em linguagem moderna] não pode dispensar nenhuma qualidade da sumptuosidade; de tal forma que, sempre que um príncipe assim for inclinado, consumirá em tais obras todos os seus recursos; e terá por fim necessidade, se quiser manter o nome de liberal, de sobrecarregar o povo extraordinariamente e tributá-lo, e fazer tudo o que possa para ter dinheiro. O que começará a torná-lo odioso entre os seus súbditos, e pouco estimado por ninguém, ao tornar-se pobre.

E conclui Maquiavel:

> Portanto, é mais sábio conservar o nome de mísero que engendra uma infâmia sem ódio, do que, por querer o nome de liberal, ser forçado a incorrer no nome de rapace, que engendra infâmia com ódio.

Para Maquiavel, gastar não serve para nada, pois os beneficiários das despesas públicas são ingratos!

Menos cínico, Jean-Jacques Rousseau exprime também dúvidas sobre a oportunidade da despesa. Rousseau é o autor da entrada *Economia política* da Enciclopédia, artigo publicado em Novembro de 1755. Depois de uma disputa com Diderot, recupera a liberdade de difusão e o texto é editado com o nome de *Discurso sobre a economia política*.

Nesse texto, onde pouco se trata de economia e muito de política, Rousseau faz-se apologista da agricultura, porque ela liberta, e do mundo rural, porque é simples. Coloca-se como detractor do comércio e da indústria, porque enriquecem e favorecem a emergência de cidades onde reina o luxo e a corrupção. No mundo tal como o concebe, a população vive no campo em pequenas comunidades, com o resultado de que o Estado deve ser reduzido ao mínimo estrito. Rousseau atribui-lhe a promoção dos valores cívicos e recomenda firmemente, no plano económico, que se contenha esse parasita potencial.

Tantas vezes considerado precursor do socialismo, Rousseau é, contudo, resolutamente anti-estatista. É assim, como vimos no capítulo precedente, que ele relembra no seu *Discurso* a origem da palavra impostor. É assim também que ele propõe, para combater a impostura e limitar o papel do Estado, que não se lhe deixe como recursos senão os que provêm da gestão do domínio público. O fim último é o de conter a despesa, acção indispensável pois o «Estado», diz Rousseau, «enriquece os ociosos com os despojos dos homens úteis». Os ociosos não são ainda no espírito de Rousseau os funcionários então ainda muito pouco numerosos, mas os cortesãos que rodeiam o rei e vivem à custa do país.

É certo que a Revolução fê-los desparecer, mas fica a preocupação de não multiplicar a delapidação que esteve largamente na origem do endividamento público dos anos que a precederam e a provocaram.

Boas intenções

Depois da queda de Napoleão, sob a Restauração o ministro das Finanças de referência é Joseph de Villèle. «Ultramonárquico», é nomeado ministro em Dezembro de 1821 por Luís XVIII e mantém-se em funções com Carlos X. Permanece em actividade até Janeiro de 1828. Ao apresentar perante a Câmara de Deputados o orçamento de 1828, exclama: «Saúdem este número, senhores, pois nunca mais o verão».

O orçamento atinge com efeito pela primeira vez o montante simbólico de mil milhões de francos. E Villèle assumia o compromisso solene perante os parlamentares de pôr em marcha uma política sem concessões de redução das despesas públicas. O orçamento representava cerca de 12% do PIB. Se lhe acrescentarmos as despesas dos bens públicos locais, a despesa pública com Carlos X absorvia mais ou menos 14% do PIB, contra os 56% de hoje.

O facto é que, apesar dos compromissos de Villèle, a despesa pública não parou de aumentar. Atingindo pela primeira vez mil milhões de francos em 1828, as despesas do Estado cifram-

-se em dois mil milhões em 1860, com Napoleão III. Saltam para cinco mil milhões em 1905, na III República, montante no qual estabilizam até 1913. Entre 1815 e 1914, o orçamento do Estado mais do que quintuplicou, enquanto os preços se mantiveram estáveis e o PIB em francos correntes passou dos sete mil milhões para 38 mil milhões. E de 1920 a 1970 foi de novo multiplicado por dez, em poder de compra, quer dizer, em francos constantes.

À partida, essa tendência vai contra a visão muito tradicional de um Estado que fornece às populações serviços claramente identificados. Para bastantes economistas, os liberais em particular, o Estado assume a necessidade da população de segurança e justiça e essa necessidade não tem nenhuma razão particular para crescer mais depressa do que a riqueza nacional. Deveria mesmo permanecer estável em termos absolutos e, portanto, baixar em percentagem do PIB. Era, por exemplo, a tese de Paul Leroy-Beaulieu. Nascido em 1843, este jurista de formação tornou-se professor de economia no Collège de France em 1878. Mas a sua especialidade eram as Finanças Públicas. Ensina-as a partir de 1879 num curso dito de «ciências financeiras» na recém-criada Escola Livre de Ciências Políticas de Paris, que ficará célebre sob o nome de *Science Po*. É nesse curso que ele inventa uma expressão que entrou na moda, a da «regra de ouro» da gestão das Finanças Públicas.

Que diz a regra enunciada por Leroy-Beaulieu? Que o Estado tem o direito de ter um défice na medida em que esse défice financiar o investimento público. É com efeito legítimo que o custo de um investimento seja repartido pelo conjunto dos períodos em que será útil. Um tal défice não pesa sobre as gerações futuras, pois estas beneficiarão dos investimentos realizados. Essa regra é então adoptada e permaneceu em vigor para a gestão dos bens públicos locais. Retenhamos simplesmente que hoje, no debate político, designadamente europeu, a «regra de ouro» já não significa o equilíbrio do orçamento corrente, mas o equilíbrio do conjunto das finanças públicas se considerado um período igual a um ciclo económico. Além disso, Leroy-Beaulieu sustenta que o crescimento económico vai permitir reduzir a influência do Estado. Para ele, o imposto é a remuneração de um serviço fornecido pela autoridade pública, serviço que é fixo num mundo onde os recursos aumentam, em resultado do crescimento. Consequência normal desse estado de coisas, a proporção das despesas e dos impostos no PIB tende a cair automaticamente. Leroy-Beaulieu completa a sua análise negando o papel redistributivo da fiscalidade. Se em muitos países o Estado pede mais aos ricos do que aos pobres, não é por uma questão de justiça social, mas porque são os ricos os principais beneficiários dos serviços públicos de referência como a manutenção da segurança pública ou o funcionamento do ensino superior.

E a visão liberal em acção (em Inglaterra, evidentemente)

Personagem mítica da vida política inglesa do século XIX, William Gladstone, vindo da direita conservadora mais clerical, acabou como liberal completo. No curso dessa evolução permaneceu porém constante num ponto, a sua convicção de que uma economia sã e uma sociedade ordenada assentam num Estado mínimo e pouco gastador.

Esse Estado mínimo, definiu-o em 1852, aquando do seu primeiro mandato como ministro das Finanças, por ocasião da apresentação do orçamento à Câmara dos Comuns. Lembrando que os debates fiscais andaram muitas vezes artificialmente à volta de subtilezas inúteis como a distinção entre impostos directos e indirectos, para ele duas «irmãs de uma mesma família», Gladstone indica que o bom procedimento é sempre relevar, cada vez que se aumenta uma despesa pública, a consequência económica e social que arrastará o desaparecimento concomitante de uma despesa privada, desaparecimento ligado ao aumento de impostos. A esse modo de raciocinar muito clássico, que foi o de Condorcet, e que consiste em comparar o custo marginal da acção pública com a sua eficácia marginal, Gladstone acrescenta quatro considerações.

A primeira é que a despesa pública, mesmo numa sociedade democrática, sai de um processo de decisão longo e incerto, enquanto a despesa privada está directamente ligada à acção do cidadão livre. Por natureza, a despesa privada, pela sua relação imediata e sem intermediário entre cidadãos, respeita melhor a liberdade.

A segunda releva de uma lógica análoga. Trata-se de afirmar que, além de um certo limiar, a população percebe a fiscalidade como confiscatória e portanto como contrária à liberdade. O papel primeiro de qualquer Parlamento é o de fixar esse limiar. O papel da administração é o de limitar as despesas ao nível compatível com as receitas determinadas por esse limiar.

A terceira é que, para determinar o nível aceitável de impostos e contribuições, é preciso ter em mente que os contribuintes que mais gritam não são forçosamente os mais afectados na sua vida corrente pela existência do imposto. Efectuar reformas fiscais supõe transcender as pressões dos grupos mais influentes. E temos Gladstone a insistir no facto de, ao ter reduzido a partir de 1842 direitos alfandegários e criado um imposto sobre o rendimento, o governo inglês não só fez obra de justiça, pois o poder de compra dos pobres aumentou, mas também de melhoria da eficiência económica, graças a uma mais adequada especialização da economia inglesa. Ora, ele esbarrou na oposição das classes possidentes, que alegavam que a concorrência internacional e o aumento dos seus encargos as arruinaria e, assim, o país. Aquele que grita alto e bom som que o seu dinamismo alimenta o crescimento não é forçosamente aquele que contribui mais para o desenvolvimento da riqueza nacional.

A quarta é que o Estado mínimo é o Estado eficaz e não o Estado reduzido a nada. Recusar o Estado por princípio é tão prejudicial quanto solicitá-lo para tudo e mais alguma coisa.

Pagar mal aos juízes alimenta a corrupção e volta-se contra aqueles que recusam o imposto. Pagar muito pouco ao exército transforma-o num bando armado que ameaça a tranquilidade pública. Mais vale um exército pouco numeroso e bem mantido do que um exército pletórico e mal pago.

Mais inércia histórica: a lei de Wagner

Na época em que Gladstone governa o Reino Unido e Leroy--Beaulieu desenvolve as suas teses, nos anos 1870, o aumento inelutável do sector público na riqueza nacional torna-se cada vez mais patente. Ora, o facto foi anunciado pelos economistas alemães como previsível e inelutável. Esses economistas alemães são os que habitualmente se designam como representantes da segunda escola histórica alemã, ou ainda como teorizadores do «socialismo de cátedra». Como o seu nome indica, essa escola económica funda-se na análise da história e não no raciocínio puramente lógico. Para eles, a gestão pública obedece portanto a uma regra que, por ser empírica, não deixa de ser incontornável. Essa regra é a de que o Estado vai ser levado a intervir cada vez mais na economia e que o peso dos impostos no PIB vai inevitavelmente aumentar. O resultado é conhecido como a lei de Wagner, devendo o seu nome a Adolph Wagner, economista que a enunciou e comentou no seu *Tratado da ciência das finanças*, publicado em 1876.

Para Wagner, é falso equiparar o imposto ao financiamento de despesas fixas da nação. O imposto representa o que a casta dirigente organizada à volta da alta função pública é capaz de recuperar em detrimento da população. Ela não procura açambarcar a maior parte possível da riqueza nacional nem para fornecer um serviço desinteressado à população, nem para assentar a sua própria fortuna, mas para consolidar o seu poder. O papel da despesa pública não é o de devolver um serviço à população, mas o de consolidar o poder da burocracia. Como a sua etimologia indica, o Estado tem por vocação ser! (Estado vem do verbo *stare* em latim, que significa manter de pé).

Para com Wagner, se a despesa pública cresce sem cessar é porque o Estado encontra assim o meio de assegurar a sua perenidade. É certo que, como pensava Leroy-Beaulieu, o Estado se legitima pela afirmação do seu papel de defensor da ordem pública. Mas para o conseguir, o Estado e os seus dirigentes compreenderam que o seu papel não se poderia limitar à multiplicação de polícias ou magistrados. A ordem só existe se a população tiver a convicção de que beneficia plenamente dos benefícios do crescimento. «Classe laboriosa, classe perigosa», dizia-se outrora: perigosa quando estima não receber os frutos do seu trabalho.

Para Wagner e os «socialistas de cátedra», o mecanismo económico da concorrência tem como consequência refrear a subida dos salários. Esse fenómeno enuncia-se pela expressão «lei de bronze dos salários». Formulada pelo socialista alemão Lassale nos anos 1860, traduz simplesmente o facto de que a concorrência entre trabalhadores para obterem um emprego os leva a não reclamarem o equivalente salarial do aumento da sua produtividade e sujeitarem-se à estagnação do seu rendimento. Existem então duas possibilidades: ou os trabalhadores se coligam para contornar a concorrência e evitar que o trabalho seja remunerado segundo um processo de mercado; ou o Estado se intromete e lhes fornece um rendimento complementar na forma de segurança social, ensino gratuito e acesso a empregos públicos, permitindo aos seus filhos mudar de estatuto social.

Para Wagner a segunda solução é a que melhor corresponde aos interesses de qualquer nação civilizada. É a mais eficaz no plano político, pois permite conter os movimentos de massa e evitar as revoltas que eles inspiram. É, além disso, relativamente natural, na medida em que a história concreta do século XIX validou a sua pertinência. Wagner verifica nas suas pesquisas que a despesa pública ganhou terreno nas sociedades industriais e que essa despesa permitiu ao Estado consolidar a paz social graças à redistribuição.

De acordo com essa visão, a oposição entre mercado e Estado deve ser analisada como oposição entre activos e ociosos. Os ociosos de Rousseau eram os nobres que ele odiava. Wagner conclui, porém, que a sua análise tinha um fundamento exacto. Mas o Estado assegura simplesmente os rendimentos dos ociosos que, como as crianças, os doentes ou as pessoas idosas têm legitimidade para não trabalhar num mundo onde a eficiência das máquinas torna o trabalho menos indispensável.

Quadro 1
Evolução do peso da despesa pública de 1880 aos nossos dias em % ([8])

Período de referência/ País	1881-1913	1920-1938	1947-1971	2001-2009
Alemanha	6	16	16	47
Canadá	7	10	16	41
Estados Unidos	3	6	18	37
França	12	20	24	54
Itália	14	26	19	49
Japão	18	36	6	36
Reino Unido	8	18	30	41
Média G7	9	17	18	41

Fonte: OCDE; FMI

O século XX confirmou manifestamente as ideias de Wagner, pois o peso do sector público não deixou de aumentar. No século XIX, a despesa pública contenta-se com acompanhar o crescimento económico. As despesas públicas estão

---

([8]) Os rácios médios para Portugal acompanham genericamente a tendência, com ligeiro desfasamento, e são respectivamente, para aqueles intervalos de tempo, de: 6%, 11%, 13% e 45%. Cálculos próprios, com base nas séries longas coordenadas por Valério Mata (PIB e Despesas Totais), INE, para os primeiros três intervalos de tempo, disponíveis, em < http://www.ine.pt/xportal/xmain?xpid=INE&xpgid=ine_publicacoes&PUBLICACOESpub_boui=138364&PUBLICACOESmodo=2 >, e Ameco para o último *(N.T.)*.

em proporção do PIB, em 1913, ao mesmo nível que em 1830 (14% do PIB). O aumento acelera no século XX. O quadro seguinte retrata a evolução do peso das despesas públicas nos países do G7 que representam em média mais de metade da economia mundial do fim do século XIX aos nossos dias. Mostra duas coisas: a lei de Wagner funciona; a França tornou-se no país mais administrado das grandes economias modernas.

Luta de classes ou luta contra a casta... burocrática

A partir de agora o crescimento da despesa pública atingiu provavelmente os seus limites. Wagner já o previra. Aos marxistas da sua época, que teorizam a luta de classes entre burgueses e proletários, ele opõe uma teoria do confronto social e político futuro entre contribuintes e burocratas. Para Wagner, o contribuinte que paga um Estado protector vai acabar por relutar, tanto mais que esse Estado protector lhe será cada vez mais apresentado por uma parte da classe política como um Estado esbanjador.

Três possibilidades se apresentam então ao Estado: a curto prazo, pode aceitar a baixa de impostos contornando ao mesmo tempo a baixa das despesas. Foi o que ele fez abundantemente no Ocidente desde há 40 anos, deixando correr os défices orçamentais e resignando-se com melhor ou pior consciência à sua própria fuga para a frente pelo caminho do endividamento. Pode procurar relegitimar a despesa pública e regressar à dinâmica da lei de Wagner através de uma aceitação renovada dessa despesa. É o que ele tenta neste momento fazer, explicando, em atenção ao contribuinte, que o Estado esbanjador acabou, que ele se emendou, reformou e deixou de abusar para melhor usar as quantias que lhe confiam.

O discurso do Estado que se reforma e melhora adquiriu em França, desde há 50 anos, dois nomes. Nos anos 70, chama-se--lhe racionalização das escolhas orçamentais (*rationalization des choix budgétaires* – RCB); sob a presidência de Nicolas Sarkozy foi a Revisão Geral das Políticas Públicas (*Révision général des politiques publiques* – RGPP). O mínimo que se pode dizer é que nos dois casos, deixando de lado o aspecto de «comunicação» da operação, o balanço foi magro. O Estado pode então reconhecer a necessidade de se pôr verdadeiramente em questão, rever as suas missões e aceitar a baixa concomitante das receitas e despesas. A segunda opção é recorrente, mas muitas vezes vã. Quanto à terceira, ela supõe uma análise fina da evolução do conteúdo das despesas.

«Exigir mais ao imposto e menos ao contribuinte»

Essa fórmula-choque deve-se ao humorista Alphonse Allais (1854-1905). Este, de resto, forneceu sem o saber ou procurar uma série de lemas aos nossos políticos, pois foi ele quem também inventou a expressão «patriotismo económico»!

Seja como for, os decisores utilizam regularmente essa frase para anunciar esforços de economia e produtividade no seio do Estado e dos bens públicos. Racionalizar a despesa faz parte da linguagem política corrente desde o século XVIII. Antes, a anulação de dívidas e o aumento dos impostos eram as respostas mais habituais para fazer face às dificuldades das finanças públicas. Em 1774, Luís XVI nomeia Anne Robert Turgot inspector-geral de Finanças. Este é intendente – o equivalente a prefeito – em Limousin e apresenta um currículo de reformador local mais do que positivo. A sua primeira missão é assegurar o restabelecimento das Finanças Públicas. Submete ao rei o seu programa na carta cujo início já lemos, na lição 1. Retomemos essa carta onde a deixámos. Turgot prossegue, com efeito, evocando a redução das despesas públicas:

> Perguntamo-nos onde cortar; e cada responsável da administração com despesa pública a seu cargo sustentará que quase todas as suas despesas são indispensáveis. Podem aduzir muito boas razões;

mas como não se pode fazer o impossível, é preciso que todas estas razões cedam à necessidade absoluta da economia. É pois absolutamente necessário que Vossa Majestade exija aos responsáveis pela despesa na administração, de todas as partes, que se concertem com o ministro das Finanças (...).
Tereis, *Sire*, de vos armar contra a vossa bondade, com a vossa própria bondade; considerar donde vos vem esse dinheiro que podeis distribuir aos vossos cortesãos e comparar a miséria daqueles aos quais se é por vezes obrigado a arrancá-lo pelas mais rigorosas execuções à situação das pessoas que mais títulos têm para obter as vossas liberalidades.

Habilmente, Turgot apresenta o Estado esbanjador como «bom» – reencontramos as «liberalidades» de Maquiavel. Ele sabe que o poder é fraco e na sua carta, já não de tomada de posse mas de demissão, em 1776, lembrará a Luís XVI que foi a fraqueza, a recusa de defender reformas contra os conservadorismos, que levaram o rei inglês Carlos I a ser decapitado em Janeiro de 1649... Esperando que os acontecimentos históricos não confirmem tragicamente a afirmação, em 1774, para dar o exemplo, Turgot baixa o seu salário para metade...

Que fazer dos «hâteurs de rots»?

Em 1776 Turgot parte, como Silhouette cerca de 15 anos antes, com a boa sociedade contra ele. Deixa o lugar aberto para Necker. Formalmente Necker não tem os mesmos títulos que Turgot, pois é protestante e em 1776, em França, um protestante não pode ser Inspector-Geral das Finanças.

Necker começa por condenar por princípio as medidas do seu antecessor respeitantes à liberalização geral da economia e faz um elogio copioso de Colbert, considerado por Turgot e os seus amigos fisiocratas como símbolo daquilo que sufocava a economia francesa. Mas preconiza, como ele, um esforço de consolidação orçamental. Para ser aceite, esse esforço deverá envolver toda a gente, sem esquecer o funcionamento da Casa Real.

Necker identifica no rol de empregos que esta inclui 16 postos de *hâteurs de rots*... De facto, ninguém sabe ao certo a sua função precisa. Para alguns, têm a tarefa de dar pequenas pancadas nas costas do rei, a fim de lhe facilitar a digestão e «precipitar o seu arroto»; para outros, são atiçadores de fogo, cujo emprego é melhorar a qualidade da confecção dos assados. Os partidários desta segunda interpretação têm a seu favor o bom gosto, mas chocam com o facto de haver na lista de empregos da Casa Real 16 *galopins*. De que se tratava? De jovens que, na cozinha, se agitavam e «galopavam» de um prato para o outro, para informar os cozinheiros do estado de avanço dos cozinhados diversos que compunham a ementa real. Vigiavam, portanto, os assados, tal como hipoteticamente fariam os «atiçadores de fogo».

A história reterá que, em geral, os *galopins* eram bastante desocupados e dedicavam o seu tempo a fazer traquinices, de modo que a palavra ganhará o seu sentido moderno para designar jovens dissipados. Reterá igualmente que, ameaçados por Necker, os *hâteurs de rots* resistem, fazem intervir as suas relações. Quando Necker deixa o poder em 1781, o assunto ainda não está encerrado... Baixar a despesa é pois muito difícil, pois é pôr em causa posições adquiridas.

Em que consiste essa despesa pública, tão difícil de reduzir?

Despesa pública e burocracia

Durante muito tempo, o essencial da despesa cobre a guerra. As guerras perdidas deixam dívidas e as guerras futuras supõem um exército cada vez mais oneroso. Em França, o Exército, no início do século XVI, no reinado de Francisco I, conta com 45 mil homens, e no final do século XVII, com Luís XIV, passa a 450 mil.

Em 1788, os encargos da dívida representam 50% das despesas, o Exército e a diplomacia 25%, e as despesas civis 25%. A corte absorve 6% das despesas, com uma lógica por vezes difícil de apreender. No reinado de Luís XIV, o pintor Lebrun recebe a título de honorários 25 mil libras, ao passo que Molière só recebe 1000 e Racine nada.

Com a Revolução começa a escalada de poder da burocracia e o peso da função pública aumenta. A Revolução nomeia pela primeira vez um ministro das Finanças (que substitui o inspector-geral de Finanças). Inicialmente, o título preciso é o de ministro das Contribuições. O primeiro titular do cargo chama-se Étienne Clavière. Proscrito pelos Girondinos em 1793, suicida-se na prisão em 8 de Dezembro.

Personagem duvidosa – sendo então ministro das Finanças, instala em sua casa, para seu proveito, uma oficina de fabricação de falsos *assignats*, a moeda da época revolucionária! –, nem por isso deixa de tentar conferir consistência à sua administração. Herda do Antigo Regime três redes de colecta dos impostos: o da Renda Geral (*Ferme géneral*), inicialmente rede privada que tem a seu cargo a colecta dos impostos directos; o das Ajudas (*Aides*), rede pública que se ocupa dos impostos indirectos; e a que assegura a colecta da gabela, imposto sobre o sal. O seu principal colaborador, chamar-lhe-íamos hoje chefe de gabinete, é Jean-Baptiste Say, o célebre economista liberal que irá dominar o pensamento económico francês do início do século XIX. Depois da queda dos Girondinos, Say demite-se e deixa como testamento político e administrativo uma carta na qual indica que seria bom fundir as três redes. Precisa que isso se poderia realizar até ao fim de 1793. Estranha ingenuidade do grande economista. Fundir é simples no papel, mas não leva em conta a resistência dos empregados. As três redes sobreviverão com os nomes respectivos de Direcção de Contabilidade Pública, Direcção dos Impostos e Direcção das Alfândegas, e será necessário esperar pelo começo do século XXI para que a fusão das duas primeiras se concretize.

Essa inércia burocrática é frequentemente identificada com o estatuto da função pública. Em França, o primeiro estatuto da função pública é promulgado durante Vichy. É revogado em 1945 e substituído pelo estatuto de 19 de Outubro de 1946, que continua em vigor com diversas emendas.

Na história, é em 1794 que o primeiro estatuto da função pública aparece. É promulgado na Prússia. Contém alguns dos grandes princípios que depois foram retomados pelo Império Alemão em 1873 e se tornarão o fundamento de todos os estatutos da função pública. O elemento importante texto prussiano de 1794 é o de que «os funcionários são instituídos vitaliciamente». Se o governo prussiano toma essa iniciativa é porque em 1794, envolvido numa guerra com a França que não parece em vias de acabar rapidamente, a Prússia, à beira de uma bancarrota, procura fazer economias: em troca de salários minorados, propõe aos funcionários a segurança absoluta do emprego. Para as autoridades da época, o jogo valia a pena pois estimavam não precisar de dispensar os funcionários, cuja missão, à imagem da do Estado, é eterna... Hoje, podemos interrogar-nos sobre isso. Os salários da função pública estão para o mesmo tipo de empregos ao mesmo nível que os do sector privado e a ideia de que as missões do Estado são intangíveis é cada vez menos aceite.

Porém, se a função pública ocupa um lugar importante na despesa pública, a deformação mais espectacular dessas despesas reside no peso crescente daquilo a que chamamos Estado-providência, quer dizer, das prestações sociais.

Quadro 2
Evolução da decomposição da despesa pública em França entre 1978 e 2011

Categoria	1978 (em % do PIB)	2011 (em % do PIB)
Remuneração dos agentes públicos	12,5	12,7
Funcionamento das entidades públicas	5,2	5
Juros da dívida	1	3
Subvenções	4,6	6
Investimentos	3	4
Prestações sociais	18	25,3
Total das despesas públicas	44,3	56

Fonte: Ministério da Economia e das Finanças

O quadro 2 mostra a estabilidade do peso da função pública no PIB. Em contrapartida, as prestações sociais aumentaram consideravelmente [9].

Despesas públicas e despesas sociais

A segurança social pode organizar-se segundo dois modelos, um modelo dito bismarckiano, porque foi criado na Alemanha em 1883-1884 por Bismarck, e um modelo beveridgiano, que deve o seu nome a Lorde Beveridge, um especialista britânico que apresentou em 1942 um relatório sobre a generalização do sistema de protecção social no Reino Unido.

Os seguros sociais obrigatórios apareceram na Alemanha em 1883. No sistema então adoptado o seguro distingue-se claramente da assistência: a protecção social é com efeito outorgada como contrapartida de uma actividade profissional.

Quatro princípios fundamentais definem o sistema bismarckiano:
– uma protecção exclusivamente fundada sobre o trabalho;
– uma protecção obrigatória apenas para os assalariados cujo salário é inferior a um certo montante e, portanto, para aqueles que não podem recorrer à previdência individual;
– uma protecção fundada sobre as técnicas de seguros;
– uma protecção gerada pelos próprios empregadores e assalariados.

O Reino Unido constitui o berço do segundo modelo. Os seguintes princípios definem o sistema beveridgiano:

---

[9] Dados comparáveis para Portugal evidenciam uma ordem de magnitude e tendência análogas, fortemente mais acentuada no que respeita à evolução das prestações sociais no período entre 1978 e 2011: aumentaram de 8% para 22% do PIB. As remunerações dos funcionários aumentaram de 9% para 11% do PIB. Fonte: Ameco *(N.T.)*.

– a universalidade da protecção social pela cobertura de toda população e de todos os riscos sociais;
– a uniformidade das prestações, fundadas sobre as necessidades e não sobre as receitas;
– a unicidade, com a gestão estatal do conjunto da protecção social, de que a consequência é que a segurança social é financiada por impostos.

Estes três princípios definem aquilo a que se chama os três «us».

Em 1942, quando Beveridge apresenta o seu relatório, o governo é um gabinete de guerra de unidade nacional, dirigido por Churchill. Este tem outras preocupações em mente que não o futuro da protecção social. Será preciso esperar por 1945, a paz e a vitória eleitoral dos trabalhistas de Clement Attlee para que as ideias de Beveridge sejam postas em prática. Depois dessa vitória, William Temple, bispo de Iorque, favorável à nova equipa no poder, declara que graças à chegada de Attlee ao nº 10 da Downing Street o Reino Unido vai passar de um Estado em guerra (*Warefare State*) para um *Welfare State* (Estado de bem-estar). Está lançada a expressão *Welfare State* e tornar-se-á uma referência mundial.

O ministro que põe em marcha o novo sistema de saúde chama-se Aneurin Bevan. Mineiro e filho de mineiro galês, é o arquétipo do militante trabalhista da época. A morte prematura do seu pai pela silicose funda a sua determinação em reformar o sistema de saúde e torná-lo gratuito. Bevan é o pai do National Health Service (NHS, serviço nacional de saúde britânico), sistema público de saúde pago directamente pelo Estado. O sistema continua em vigor no Reino Unido, apesar das liberalizações de Margaret Thatcher. E se lá continua, mesmo quando muitos reclamam a sua refundação, é porque a prazo se revelou um dos menos dispendiosos dos países desenvolvidos. O peso das despesas de saúde do Reino Unido é de 9,8% do PIB, contra 11,8% em França e 17,4% nos Estados Unidos (integrando todos os modos de financiamento, pois nos EUA o essencial é assumido pelas companhias de seguros privadas).

E a esperança de vida à nascença dos britânicos é a mesma dos franceses e superior à dos americanos ([10]).

E mesmo assim! O próprio Bevan ficou consternado, ao ter de admitir nos primeiros anos do seu funcionamento a derrapagem dos custos. O primeiro orçamento votado para o NHS era de 175 milhões de libras. A execução final foi de 452 milhões... Ao comentar este resultado perante os Comuns, Bevan teve uma frase que fez história: «Tremo perante a ideia da corrente ininterrupta de medicamentos que desagua actualmente nas gargantas dos britânicos». Hoje são as finanças públicas que tremem, e vacilam mesmo, sob o choque dessa corrente.

Em França, 70% das despesas públicas são salários ou prestações sociais ([11]). Se se quiser reduzi-las, será necessário baixar directamente os rendimentos de uma parte da população.

Do Welfare State ao Estado Social?

O desafio é de monta, pois se a fiscalidade não é o instrumento correcto para reduzir as desigualdades, a justiça social deve construir-se com recurso à despesa pública. Kennedy, símbolo de uma esquerda moderna capaz de enfrentar não só os comunistas pela força, mas também pelas ideias, conduziu uma política que consistia, não em aumentar os impostos sobre os ricos, mas em baixar os impostos, associando a essas medidas uma reflexão sobre a natureza da despesa pública. Com efeito, com o recuo que o tempo permite, poder-se-ia tomar a política que os jovens economistas que o rodeavam iniciaram por uma política muito reaganiana. Agiu assim a conselho de um dos

---

([10]) Segundo a OCDE, em 2012 as despesas de saúde representavam em Portugal 10,7% do PIB, ao passo que nos EUA, França e Reino Unido eram respectivamente de 17,6%, 11,6% e 9,6% *(N.T.)*.

([11]) Um valor praticamente idêntico em Portugal: 70,6% da despesa total das administrações públicas (contas nacionais) em 2012 *(N.T.)*.

teóricos mais coerentes da prática orçamental, a saber, Walter Heller.

Para este professor de Harvard, a despesa pública tem uma função bem precisa. Deve concentrar-se na «guerra à pobreza». O Estado não deve substituir-se ao sector privado desde que este, incluindo na forma de concessão do serviço público, seja capaz de assumir o papel que lhe é confiado.

Num livro de debate com o célebre economista monetarista Milton Friedman, *Monetary policy versus fiscal policy* [Política Monetária versus Política Orçamental], publicado no final dos anos 70, Heller confirmava as suas teses: a despesa pública deve ser analisada em termos de qualidade e não de quantidade, e deve ter por objectivo melhorar o bem-estar e a vida em sociedade. Depois do assassinato de Kennedy, Heller concebeu os princípios da *Great Society*, que o sucessor de Kennedy, Lyndon Johnson, procurava construir. Heller nem por isso deixou de romper com Johnson. Em primeiro lugar, como muitos democratas da época, desaprovava a evolução da política no Vietname; mas também, e talvez sobretudo, porque aos seus olhos o círculo presidencial estava a entrar num mau caminho no plano económico. De facto, ao aumentar constantemente a despesa para responder às expectativas sociais da população, a administração Johnson enganava-se sobre o que deve ser a acção orçamental. Esta não tem sentido a menos que seja permanentemente comparada com o que poderia fazer o sector privado e for sempre avaliada em função de uma visão precisa, clara e politicamente assumida do que deve ser a acção pública. Adoptar objectivos quantitativos como a limitação do rácio despesa/PIB ou como resposta a todo e qualquer problema social era, para Heller, absurdo. Era necessário adoptar objectivos qualitativos conducentes a um exame permanente das despesas.

Os comentários críticos de Heller são hoje relevantes para a França. De facto, a recusa de fazer escolhas em termos de despesa, desde o abrandamento económico de meados dos anos 70, conduziu a défices públicos abissais. São possíveis duas respostas: a fuga para a frente, quer dizer, a afirmação de que com prudência na despesa o crescimento acabará por fazer regressar o equilíbrio orçamental; o regresso ao espírito de Kennedy e à ideia de que o Estado não pode tudo – «Não perguntem o que a América pode fazer por vós», dizia Kennedy, «mas o que vocês podem fazer pela América...» – e de que é preciso coragem, nomeadamente em matéria de despesa pública, para pôr em causa despesas não forçosamente inúteis, mas cuja utilidade social não corresponde ao que a sociedade espera prioritariamente do Estado, a saber, a redução da pobreza e a melhoria de vida dos carenciados. Para retomar uma expressão cara à segunda esquerda inglesa, chegámos a uma fase em que o Estado já não pode ser um Estado-providência (*Welfare State*), mas deve tornar-se num Estado Social (*Social State*).

Impacto económico da despesa pública

É então necessário baixar a despesa pública? Do que ficou dito, podemos concluir que é uma necessidade. Porém, tanto no plano estritamente económico como no plano político, são os impostos, mais do que a despesa, que atraem os golpes da crítica.

Pode até descrever-se a despesa pública como factor de crescimento económico. É toda a lógica das despesas de futuro de que falámos a propósito de D. João III de Portugal. Mas há uma maneira ainda mais simples de o fazer, que é a do economista norueguês Haavelmö. Esse economista keynesiano recebeu o prémio Nobel da Economia em 1989. A resposta keynesiana ao desemprego é um aumento da procura, seja directamente pela procura pública, ou indirectamente pela procura privada pela baixa dos impostos. A partir desse pressuposto, Haavelmö mostra que se se aumentar as despesas públicas e, portanto, a procura pública, obtém-se um acréscimo de produção equivalente ao aumento das despesas públicas. A lógica desse raciocínio é a de que a nível nacional não se gasta porque se é rico, mas fica-se rico porque se gasta (¹²). O sucesso histórico do keynesianismo assenta nesta mensagem que qualquer político adora ouvir: gastai sem contar e o vosso povo será rico!

Essa visão, que continua muito difundida em França, onde se fala ainda com bastante frequência de relançamento pelo consumo, teve porém os seus detractores desde que começaram as políticas de estímulo de tipo keynesiano. Roosevelt, cujo nome até está associado, por via do que ficou conhecido pela política do *New Deal*, à lógica de apoio à actividade económica pela despesa pública, duvidava da eficácia desse tipo de acção. É preciso dizer que o seu secretário do Tesouro tinha muitas dúvidas.

Reencontremo-lo em 1937. Eleito uma primeira vez presidente dos EUA em Novembro de 1932, Roosevelt acaba de ser reeleito. Entre os seus colaboradores, confrontam-se duas escolas: os que querem ampliar o *New Deal* para apoiar um crescimento que volta a dar sinais de fraqueza e os querem pôr-lhe termo, tendo em conta os resultados decepcionantes da política levada a cabo desde a Primavera de 1933. Os primeiros apoiam-se nos escritos e nas propostas de Keynes, os segundos nas propostas do secretário do Tesouro, Henry Morgenthau.

(¹²) Descreve-se a economia a partir das seguintes equações:
Igualdade entre a oferta e a procura: Y=C+I+G, em que Y é a produção, C o consumo, I o investimento e G as despesas públicas.
Lei de Say, Y=R, onde R é o rendimento geral da população.
A estas duas equações contabilísticas, acrescenta-se uma outra que descreve o consumo. Para os keynesianos, o que é central não é a poupança, mas o consumo. Escrevamo-la através da função do consumo:
C=c(R-T)
Obtém-se, combinado as três igualdades, que Y=c(Y-T)+I+G.
Em termos diferenciais
dY=dG-cdT/1-c.
(1/1-c) é chamado pelos especialistas de política económica o multiplicador keynesiano. Em caso de crescimento das despesas do Estado sem crescimento da dívida pública, quer dizer, se dT=dG, há crescimento da produção com um efeito multiplicador igual a 1.

Henry Morgenthau nasceu a 11 de Maio de 1891. Dedica-se muito cedo à vida política e torna-se amigo de Roosevelt. Este fá-lo seu ministro da Agricultura aquando da sua eleição em 1932, e depois secretário do Tesouro em 1934. Embora apoie o espírito geral do *New Deal*, Morgenthau tem muitas reservas sobre os seus aspectos orçamentais. É favorável à desvalorização do dólar relativamente ao ouro, que deve permitir reflacionar a economia. Vê nisso, em particular, o meio de aumentar os preços agrícolas que colapsaram, necessidade absoluta para sair da crise, numa altura em que 25% da população activa americana trabalha ainda neste sector. Em contrapartida, está persuadido de que o défice orçamental conduz ao que os economistas chamam «efeito de evicção» ([13]), isto é, ao aumento das taxas de juro, penalizando assim o investimento privado.

Em 1937, propõe o regresso ao equilíbrio orçamental. Argumenta destacando uma taxa de endividamento público de 40% do PIB, que ele julga excessiva (hoje, muitos países rejubilariam com tal nível reduzido de endividamento...) e sublinhando que, uma vez reeleito, o presidente deve doravante conduzir a sua política pensando nas gerações futuras e não nas eleições futuras. Num discurso célebre, pronunciado em 10 de Dezembro de 1937 perante a Academy of Political Science, declara:

> Tentámos gastar o máximo possível de dinheiro para lutar contra a crise. O resultado é que hoje temos a mesma taxa de desemprego que quando chegámos ao poder, mas temos uma enorme dívida pública.

Contra ele, os discípulos de Keynes sublinham que os Estados Unidos estão outra vez em recessão e sustentam que o aumento da despesa pública foi muito timorato. Apelam ao seu mestre, que escreve a Roosevelt em 1938. Roosevelt confirma, mesmo assim, o seu apoio a Morgenthau. É preciso dizer que este tem

---

([13]) *Crowding-out*, na formulação mais corrente mesmo em textos portugueses, onde nem sempre se adopta o correspondente português *(N.T.)*.

um argumento de peso. Lembra a Roosevelt que ele recebeu Keynes em Junho de 1934. E o mínimo que se pode dizer é que Roosevelt não guardou desse encontro uma memória imperecível. Nas suas próprias palavras, Roosevelt só se lembra da fatuidade de Keynes e do carácter incompreensível das suas declarações. A Segunda Guerra Mundial e a sua sequência vão fechar – momentaneamente – o debate. Momentaneamente, pois hoje confrontam-se de novo, designadamente na Europa, mas também nos Estados Unidos, aqueles que se inquietam com a derrapagem das contas públicas e os que a julgam indispensável para apoiar o crescimento.

Voltar a Musgrave

Na Lição 2 lembrámos as três missões que o economista Richard Musgrave atribuía ao Estado. A segunda era a missão redistributiva. Paralelamente, Walter Heller – também o lembrámos – considerava que cabe à despesa pública assegurar essa redistribuição, centrando-se na luta contra a pobreza. A despesa do *Welfare State*, tornado Estado Social, não tem legitimidade real se não assegurar uma melhoria da condição dos pobres. Essa lógica pode levar muito longe, até pôr em causa algumas certezas sobre a natureza do «serviço público».

Eis-nos no Reino Unido, durante o governo trabalhista de Tony Blair. O ministro da Educação decide retomar a partir da base o dossiê do ensino superior, acusado de custar cada vez mais caro e produzir resultados decepcionantes. Decepcionantes pelo nível dos estudantes, decepcionantes pelo facto de esse ensino continuar a ser em grande parte apanágio dos mais favorecidos.

O governo estuda pois uma reforma que visa não apenas reforçar a exigência nos exames, mas igualmente combinar essa exigência escolar acrescida com medidas financeiras que obriguem os alunos e a sua família a investir nesse ensino o máximo.

A ideia é pedir a um estudante que entre num *master* ([14]) habitual de cinco anos que pague 100 mil libras à faculdade. Essa soma, aplicada, financia desde logo o funcionamento da universidade. Por cada êxito num exame, o estudante é reembolsado em 20% do capital inicialmente aplicado. Recupera a totalidade da soma quando termina com sucesso o curso em que entrou.

A educação é um investimento e qualquer investimento supõe um esforço inicial de poupança. Assim financiadas, não há razão para que as universidades sejam públicas. Privatizadas, entram naturalmente em concorrência para atrair os melhores, os melhores professores e os melhores alunos. O Estado retira-se assim do processo? Não, pois regressa à sua missão primordial: põe em prática um sistema de bolsas que permitem aos mais pobres pagar as 100 mil libras; canaliza os seus meios para ajudar os desfavorecidos e assegura a redistribuição cara a Musgrave. A reforma ainda está em estudo...

Conclusão

Desde a Revolução Francesa, o Estado tornou-se o grande beneficiário do crescimento. A riqueza aumenta, mas as despesas públicas ainda mais, de forma que o seu peso no PIB é crescente. Wagner previu-o, mas é evidente que há um limite para essa evolução. Com despesa pública acima de 40% do PIB, declarou no início dos anos 70 Valéry Gisgard d'Estaing, mudamos de sociedade, para deixar a democracia e criar uma sociedade socialista. Apesar de uma série de países que se definem como economias de mercado terem ultrapassado esse limiar, não deixa de ser verdade que por todo o lado surgem interrogações sobre a despesa pública. Num primeiro tempo, para limitar as recriminações, desligou-se a despesa da factura

---

([14]) O equivalente ao mestrado feito a seguir à licenciatura, decorrendo a formação completa ao longo de cinco anos *(N.T.)*.

fiscal: é o encanto da dívida que permite gastar sem pagar... Mas mais uma vez a astúcia tem limites. A dívida permite a despesa, depois gera despesa – os juros – e sufoca o Estado.

Hoje, chegámos à hora da verdade: em França, a fiscalidade é suficientemente pesada para levar à fuga, designadamente para o estrangeiro, sem nenhum sentimento especial de culpa. Os encargos da dívida são o segundo orçamento do Estado. As despesas representam 56% do PIB. O seu decréscimo está pois na ordem do dia.

Os herdeiros de Wagner verificam que, no seu temor por uma eficácia excessiva do sistema produtivo, o Estado pôs-se a gerir os inactivos e a dar-lhes um estatuto e um acesso à riqueza. Mas cada vez mais responsáveis pensam que ele foi longe demais nesse sentido. A questão que agora se põe é saber se não é tempo de reduzir o número de inactivos e aumentar novamente a parcela de activos na sua população.

Acontece que isso não se fará sem dor: certos «inactivos» têm alguma legitimidade em sê-lo, como os idosos. Relativamente a outros, põe-se a questão de saber as razões por que o poder público lhe paga. Existem rendas públicas, quer dizer, rendimentos recebidos por gente que não presta por eles um serviço equivalente. Estes modernos «apressadores de arrotos» estão vigilantes. Não vão ceder sem mais. Afirmam alto e bom som a sua missão de serviço público. Sublinham o papel social do Estado e das suas despesas. Falam do *Welfare* para melhor resistir àqueles que anunciam o necessário regresso ao *Workfare*. Mas o *Workfare* vai impor-se. O gestor dos inactivos de Wagner terá doravante de dar lugar ao gestor da redistribuição a favor dos mais pobres de Musgrave e Heller.

Bibliografia

Jean-Marc Daniel, *La politique économique*, PUF, 2002.
François Écalle, *Maîtriser les finances publiques*, Economica, 2005.
Walter Heller e Milton Friedman, *Monetary and fiscal policy*, Norton, 1969.
Florence Huart, *Économie des finances publiques*, Dalloz, 2012.
André Kaspi, *F. D. Roosevelt*, Fayard, 1988.
Machiavel, *Le Prince*, Garnier-Flammarion, 1993.
Jean-Christian Petitfils, *Louis XVI*, Perrin, 2005.
Jean-Jacques Rousseau, *Discours sur l'économie politique*, Garnier-Flammarion, 1993.

LIÇÃO 4

É PRECISO REENCONTRAR O CRESCIMENTO!

Ao Estado, cuja vocação primeira é ser (*stare*), não basta a força política para o conseguir. Quando gasta, é para si e para os seus agentes, mas também para toda a população, tentando responder às suas expectativas. Mas o Estado deve ir mais longe do que satisfazer simplesmente o fornecimento de certos serviços. Como sublinhava Quesnay, o rei tem interesse em que o homem do campo seja rico, pois a riqueza do agricultor está na origem da sua própria. O crescimento económico constitui-se pois num dos objectivos primeiros da política económica.

Resta que a noção de crescimento económico é mais frequentemente invocada do que compreendida. Se é um facto que todas cimeiras internacionais, a qualquer nível, concluem pela afirmação da sua necessidade, é forçoso verificar que os decisores raramente estão de acordo sobre o seu conteúdo e sobre os meios de o obter. Paradoxalmente, o crescimento não tem tido sucesso entre os economistas. De facto, entre cerca de 60 prémios Nobel atribuídos desde a sua origem, só dois o foram por trabalhos sobre o crescimento, a saber, Roberto Solow e Simon Kuznets.

O crescimento segundo Kuznets

Kuznets (1901-1985) dedicou toda a sua vida de investigador a tentar compreender e descrever o processo de expansão económica. Abordou-o de uma forma muito pragmática, referindo-se essencialmente à história. Desconfiando de todas as ideias feitas, considerou como condição indispensável de qualquer teoria a análise meticulosa e quantificada da realidade. A sua primeira contribuição para o desenvolvimento da ciência económica incidiu pois sobre a estatística. Foi assim que participou na definição de conceitos de contabilidade nacional, antes de elaborar as séries longas sobre as principais economias. Dessa abordagem empírica retirou uma descrição do crescimento que não se inscreve em nenhum esquema pré-estabelecido.

A sua primeira observação é a de que o crescimento assenta na difusão do progresso técnico por via do investimento. O investimento está no centro do crescimento, o que faz da empresa o vector primordial do enriquecimento. Para acelerar o crescimento, o Estado age em segunda instância. Ele pode, em particular, contribuir de certa maneira para a difusão do progresso técnico: uma política de formação aumenta o saber-fazer e as qualificações da mão-de-obra, transformando as inovações em ganhos da produtividade do trabalho; o financiamento da investigação científica favorece as descobertas e a emergência do progresso técnico; o comércio livre aumenta os mercados que garantem a rentabilização a longo prazo das tecnologias; a concorrência obriga as empresas a investir para marcar pontos face às outras.

A sua segunda observação é a de que a curto prazo o crescimento é cíclico. Sucedem-se recessão e sobreaquecimento, deflação e inflação.

A terceira observação é a de que o crescimento supõe modificações profundas da sociedade, como a concentração de mão-de-obra nas cidades, a aceitação da mobilidade profissional, a alfabetização e a generalização da escolaridade, a industrialização e a existência de um sector energético eficaz.

Por fim, a sua quarta observação é a de que o crescimento necessita de uma certa atitude mental. Só é possível num ambiente cultural favorável, que incentive o risco e reconheça as funções empresariais ao mesmo título que as funções políticas ou artísticas.

O crescimento é uma atitude mental

Georges Dumezil, o célebre teórico da organização da sociedade em três ordens – as que rezam, as que fazem a guerra e as que produzem, quer dizer, os *oratores*, os *bellatores* e os *laboratores* – desenvolveu uma visão interessante da interpretação que se pode dar à vida dos primeiros reis de Roma como símbolos destas três funções sociais. O primeiro simbolizava Roma como entidade política absoluta. Depois veio o rei religioso, o rei guerreiro e, por fim, o quarto, Ancus Marcius, que representava o mundo do trabalho e da produção. Por que razão fazia Dumezil deste rei um símbolo do trabalho? Em particular, porque fundou a prisão em Roma! Com efeito, no mundo do crescimento económico e do reconhecimento do trabalho realizado, a lei de talião dos guerreiros (os *bellatores*) e a violência da vingança são substituídas pela regra do jogo, pelo direito e pela punição socializada, que desempenha plenamente o seu papel quando age como meio de dissuasão. A prisão deve viver-se como um elemento do equilíbrio do terror: está aí para dissuadir, e todo o encarceramento deve ler-se como um fracasso dessa dissuasão.

O facto de a representação da actividade económica estar, na ordem histórica simbólica, depois do guerreiro e do religioso traduz bem a realidade antiga de uma sociedade que não fez do crescimento económico o seu fim. Falando sobre o imperador Vespasiano, o historiador romano Suetónio relata o seguinte episódio. Vespasiano visita uma oficina em Roma e verifica que um dos gregos que aí eram obrigados a trabalhar como escravos concebeu uma máquina que alivia a tarefa e se substitui ao trabalho humano. Vespasiano convoca então o proprietário e exige-lhe que deixe imediatamente de utilizar essa máquina, pois ao destruir empregos, mesmo servis, ela ameaça destruir a ordem social. Para Vespasiano, como para muitos cidadãos da Antiguidade, a sociedade não tinha sentido senão confinada ao imobilismo económico e social. Quando nos apresentam o homem moderno como um *homo œconomicus*, o recurso ao latim não nos deve iludir. O romano é, segundo a fórmula grega de Aristóteles, acima de tudo um «animal político» (*zoon politikon*).

Esse estado de espírito vai ser mais ou menos dominante até ao início da Revolução Industrial, que se desencadeia à saída da Guerra dos Sete Anos. As análises do início da Revolução Industrial são múltiplas e as considerações sobre as dimensões culturais e religiosas abundam.

Numa das suas *Cartas Inglesas*, a que versa sobre o comércio ([15]), Voltaire fornece o seu diagnóstico sobre a força do espírito inglês, que vai fazer desse país a primeira potência económica da Europa. Neste aspecto, insiste na diferença entre a Grã-Bretanha e a França. Esta fecha-se no imobilismo de uma sociedade que continua fundamentalmente feudal, em que os empregos públicos são honrados e procurados. Na Grã-Bretanha, em contrapartida, não é desonroso, muito pelo contrário, alguém entregar-se a uma actividade comercial. Escreve Voltaire:

> *Milord* Townshend, ministro de Estado, tem um irmão que se contenta com ser negociante na City. No tempo em que *milord* Oxford governava a Inglaterra o seu irmão mais novo era agente comercial em Alepo, donde não quis regressar e onde morreu (...). Em França, é marquês quem quer; e quem quer que chegue a Paris do recanto de uma província com dinheiro para gastar, e um nome terminado em «ac» ou «ille», pode dizer: «um homem como eu! Um homem da minha qualidade!», e desprezar soberanamente um negociante. Um negociante ouve falar tão frequentemente

---

([15]) O texto ainda se chama *Les Lettres philosophiques* (*As Cartas Filosóficas*). A carta consagrada à economia e intitulada «sobre o comércio» é a carta X. Ver Voltaire, *Lettres philosophiques*, Gallimard, «Folio», 1988.

com desdém da sua profissão que é suficientemente parvo para corar. Não sei, porém, qual deles é mais útil a um Estado, se um senhor com a cara cheia de pó que sabe precisamente a que horas se levanta o rei, a que horas se deita, e que se dá ares de grandeza a fazer o papel de escravo na antecâmara de um ministro, ou um negociante que enriquece o seu país, dá do seu gabinete ordens a Surate ou ao Cairo, e contribui para a felicidade do mundo.

Se tivermos de resumir as análises sobre o que se passou no momento da entrada na era do forte crescimento económico, poderemos considerar o elemento cultural como essencial. Não é possível crescer num país que vive e aceita a rotina. Além desse elemento, o crescimento funda-se em três pilares: antes de mais, o progresso técnico, mas também uma energia barata e uma sociedade organizada em torno da concorrência.

Progresso técnico, energia abundante e concorrência são as palavras-chave da explicação teórica e histórica do crescimento económico. Podê-las-íamos substituir por: inteligência, sol, liberdade. Na história longa, escreveram-se: trabalho do engenheiro, prospecção mineira, concorrência no mercado de trabalho, em resultado do êxodo rural.

O êxodo rural alimenta o crescimento

«Não há riqueza que não venha dos homens», afirma Jean Bodin no século XVI. Porém, a sociedade não vive e nem sempre viveu o crescimento da população como um bem. Face à explosão demográfica uma sociedade tem, com efeito, três possibilidades: a que ficou ligada ao nome de Robert Malthus, que consiste em procurar reduzir o número de nascimentos, afirmando que o ascetismo é a forma mais perfeita de cumprimento da vontade divina; uma outra, muitas vezes posta em prática, a da guerra, em busca designadamente de recursos que faltam ao país; e a moderna, do aumento da produção e do crescimento económico.

O século XVI fez a Reforma e lembrou os méritos do ascetismo através da promoção do protestantismo e da afirmação dos princípios católicos da Contra-Reforma. O século XVII abismou-se em guerras incessantes, que tiveram como principal resultado uma redução drástica da população europeia, em especial a dos territórios alemães.

O século XVIII inventou o crescimento económico, ao iniciar o êxodo rural e mobilizar o progresso técnico. Reencontramos Kuznets: um país desenvolve-se quando tem à sua disposição uma mão-de-obra barata, um aumento regular da produtividade ligada ao progresso técnico e sistemas jurídicos eficazes que garantem aos investidores que não serão espoliados.

Em meados do século XVIII, os desmobilizados da Guerra dos Sete anos, concentrados em torno de Manchester, não regressam às suas aldeias, mas juntam-se às oficinas onde começam a funcionar as primeiras máquinas a vapor: começa a revolução industrial.

No início do século XIX, as massas rurais europeias arrancadas ao campo pelas guerras napoleónicas põem-se à disposição das fábricas em vias de construção. A revolução industrial espalha-se. Num mundo organizado pelo Estado de direito, que renunciou depois de 1815 e até 1914 a aventuras militares devastadoras, a explosão demográfica resolveu-se pelo crescimento, apesar das objurgações de Malthus, que clamava pelo ascetismo e o casamento tardio. Os camponeses europeus alimentaram a dinâmica do crescimento económico primeiro na Europa, depois nos Estados Unidos, que foram povoar.

Hoje são os camponeses chineses ou indianos que deixam os seus campos para chegar às fábricas. Dos sete mil milhões de habitantes do planeta, 10% são camponeses chineses. Simultaneamente, 350 milhões de indianos vivem com menos de um dólar por dia, massa disponível para se juntar a qualquer indústria que se crie. Em 2011, pela primeira vez na China a população urbana ultrapassou a população rural. O mesmo fenómeno produziu-se no Reino Unido em 1850 e nos Estados Unidos no início do século XX. Quando estas reservas asiáticas se esgotarem, haverá ainda camponeses nas savanas africanas e nas montanhas andinas para converter em operários.

O progresso técnico e a figura do empresário

O processo que transforma camponeses em operários de fábrica nos países emergentes e os operários em assalariados do sector terciário nos países ocidentais apoia-se no progresso técnico.

A personalidade cujo nome é mais frequentemente associado à dinâmica do progresso técnico é provavelmente Joseph Aloïs Schumpeter. Schumpeter sustenta que a economia obedece a um processo dinâmico desenvolvido por alguns indivíduos, os *empresários*, que combinam o espírito de decisão com a capacidade de descobrir na massa de inovações científicas, por um lado, as que permitem aumentar a produtividade, por outro, as que satisfarão uma procura ainda não revelada.

Foi no início do século XVIII que o economista franco-irlandês Richard Cantillon introduziu a figura e a palavra «empresário». O seu empresário é uma personagem acima dos outros, pois aposta no futuro, tem uma visão positiva do tempo. Cantillon parte da observação de que na actividade agrícola – estamos no século XVIII –, há três agentes com destino desigual: o proprietário que recebe a sua renda sem ter de se preocupar com o que quer que seja; o assalariado agrícola que fornece o seu trabalho e dele retira a subsistência; e o rendeiro que traz a semente e não está seguro de que a colheita permitirá cobrir a renda e os salários que se compromete a pagar. É a ele que Cantillon chama «empresário». Caracteriza a actividade deste pelo facto de os seus custos serem certos, ao passo que os benefícios são incertos. O que faz o seu mérito é passar o tempo a gerir a incerteza [16].

---

[16] O livro de Cantillon *Essai sur la nature du commerce en général* (*Ensaio sobre a natureza do comércio em geral*) foi reeditado pelo INED (Institut national

No início do século XIX, divide, por seu turno, a sociedade em três classes económicas. Fá-lo segundo o critério da sua relação com o tempo. O proprietário rentista, que beneficia de um rendimento – a renda – sem fornecer trabalho por isso, beneficia de uma herança. Encarna o passado. O trabalhador que só tem o seu trabalho e vive no imediato é o homem do presente. Mas o capitalista, que investe e que, no plano agrícola, traz a semente, não sabe como será a colheita. Arrisca, cria um rendimento futuro, é o futuro. E para criar esse futuro tem necessidade de crédito: tem necessidade de pagar ao rentista durante um ano o arrendamento da terra, que ainda não deu a sua colheita, e ao trabalhador, ao longo de todo esse ano, o salário que lhe assegura a sobrevivência.

Aquilo a que Ricardo chama «fundo de salários», quer dizer, as somas que o capitalista agrícola paga aos seus empregados durante o período que separa a sementeira da colheita, tem o capitalista de pedir emprestado. Vê-se pois que aquilo que faz do capitalista, o empresário, a personagem-chave do dispositivo económico é o facto de, na gestão do tempo, ele ter a seu cargo o futuro, quer dizer, a parte desconhecida do tempo.

Schumpeter faz pois sua a figura do empresário concebida por Cantillon, associando-a ao progresso técnico naquilo a que chama «destruição criadora».

A destruição criadora passa pela inovação com o empresário, quer dizer, pela sua capacidade de abandonar velhas técnicas em benefício das novas. É o fruto do encontro entre empresário e a inovação.

O exemplo histórico muitas vezes sublinhado a partir das análises de Schumpeter é o do prussiano Alfred Krupp (1812–1887). Herdeiro, aos 14 anos, de uma siderurgia em dificuldades, contando apenas com sete assalariados, aquando do seu falecimento fizera dela a principal empresa siderúrgi-

---

d'études démographiques), do qual se deve, a propósito, sublinhar o trabalho considerável de reedição de textos de economistas franceses do século XVIII.

ca do mundo, empregando 45 mil pessoas, das quais 20 mil estritamente ligadas à produção de aço. O fundamento do seu sucesso reside no facto de incorporar permanentemente os últimos progressos realizados nas técnicas de produção de aço. Tem evidentemente as suas equipas de investigação, mas mantém-se igualmente informado das invenções dos seus concorrentes franceses e britânicos. Ao fabricar as armas do Exército prussiano, dá-lhe, designadamente aquando da guerra de 1864 contra a Dinamarca, uma vantagem decisiva, pela qualidade dos aços que compõem os canhões. Figura de personalidade neurótica, teoriza constantemente a sua acção. E legitima assim a sua vida de empresário e a do mundo do crescimento e da destruição criadora: «Fui eu que inovei e lancei novos produtos, não os operários...; que tenha sucesso, ou fracasse, o problema é meu, nunca deles. Eles têm sempre o seu salário».

Destruição criadora e ciclo de Kondratieff

O crescimento económico resulta pois de um mecanismo de criação/destruição, em que as empresas obsoletas vão à falência e dão lugar àquelas cujos fundadores conceberam produtos novos, correspondendo ao favor dos consumidores. Esse processo pode ser entrecortado, pois o crescimento não se desenrola a uma taxa fixa indefinidamente prolongada. Para justificar essa afirmação, Schumpeter realçou os trabalhos de um ucraniano que teria muito provavelmente passado despercebido sem ele, Nicolas Kondratieff.

Kondratieff é membro do Partido Socialista Revolucionário (SR), um movimento revolucionário russo próximo do mundo rural e oposto ao Partido Social-Democrata russo e à visão sectária do marxismo defendida por Lenine. Depois de Fevereiro de 1917, Kondratieff é ministro. Afastado do governo na sequência do golpe bolchevique de Novembro (Outubro [17]) de 1917, ele fica a dirigir o Instituto de Conjuntura de Moscovo. Duas ideias norteiam as suas pesquisas: a primeira é a de que o arranque económico supõe uma agricultura próspera, para desencadear o êxodo rural; a segunda é a de que a economia é espontaneamente cíclica.

Kondratieff empreende estudos aprofundados de história dos grandes países industrializados (Grã-Bretanha, França, Alemanha, Estados Unidos), cujos resultados expõe num artigo publicado em 1922. Nele apresenta o capitalismo como sendo caracterizado a longo prazo por um encadeamento de períodos de cerca de 50 anos, decompondo-se em duas fases quase iguais, uma de forte crescimento, pleno emprego e ligeira inflação, outra de estagnação, desemprego e deflação. A natureza dos dados estatísticos de que dispõe leva-o a interpretar o sequenciamento a partir do carácter mais ou menos remunerativo do sistema de preços: durante o período de forte crescimento, as empresas mantêm preços elevados, que lhes garantem lucros substanciais e lhes fornecessem os meios para investir. Durante o período seguinte, sob pressão da concorrência, elas comprimem as margens, o que reduz as suas disponibilidades financeiras e limita as suas possibilidades de acção.

Schumpeter usa os seus trabalhos, adaptando-os, no seu livro de 1939 intitulado *Business Cycles* (*Ciclos económicos*). Aí descreve a dinâmica da economia como uma combinação de ciclos de curto, médio e longo prazo. Chama ao de longo prazo *ciclo de Kondratieff.* Conserva a extensão do ciclo estabelecido pelo economista russo, mas altera-lhe a interpretação. Substitui a abordagem financeira, centrada nos preços, que reserva para o ciclo de média duração, por uma abordagem ligada à evolução do progresso técnico.

---

(17) Recordemos que à época da Revolução a Rússia usa ainda o calendário juliano. A revolução tem lugar em Outubro nesse calendário. No nosso, dito gregoriano, adoptado em seguida pela Rússia, ela ocorreu a 7 de Novembro.

O ciclo de Kondratieff revisto e corrigido por Schumpeter é um ciclo de produtividade. Na origem do crescimento está aquilo a que Schumpeter chama uma «nova combinação» ([18]). A expansão faz-se pela rentabilização de uma série de descobertas científicas. Uma vez que o sistema produtivo tenha esgotado as potencialidades dessas inovações, a produtividade estagna e com ela a produção. Os industriais têm então de partir em busca de novas invençõês. Desde o início da Revolução Industrial identificam-se normalmente quatro fases de crescimento sustentado, ditas «fases ascendentes de Kondratieff»: 1785-1815, 1850-1870, 1895-1915 e 1945-1975. Para cada uma o seu progresso técnico: para a primeira, a máquina a vapor e a mecanização da indústria têxtil, para a segunda os caminhos-de-ferro, para a terceira o motor de combustão interna e a electricidade, para a quarta os electrodomésticos e os bens de consumo corrente. Fora destes períodos, a economia perde vitalidade. É a «fase descendente de um Kondratieff».

Kondratieff não teve ocasião de debater com Schumpeter nem de conhecer o período dos Trinta Gloriosos que previra e anunciara. De facto, a sua hostilidade à política estalinista de colectivização das terras e a sua visão cíclica de um capitalismo em permanente renovação levam à sua prisão em 1930. Enviado para o Gulag, é executado em 1938.

Desde 1975 que vivemos naquilo que por alguns é associado à fase descendente de um «Kondratieff». Tendo já durado trinta anos, deveria estar a chegar ao seu termo. Puxada pelas novas

---

([18]) «Nova combinação» define «inovação» na conceptualização de Schumpeter. «Portanto, definiremos simplesmente inovação como o estabelecimento de uma nova função de produção. Cobre o caso de um novo produto, bem como o de uma nova forma de organização como seja uma fusão, a abertura de novos mercados, etc. (…) podemos expressar a mesma coisa dizendo que as inovações combinam factores de uma nova maneira, ou que consistem em novas combinações», *Business Cycles*, 1939 (1989), McGraw Hill, Nova Iorque. Tradução minha. «New combination» é o termo que em francês se traduz equivocamente por «grappe d'innovations» *(N.T.)*.

tecnologias de informação e comunicação e pelas nanotecnologias, o crescimento deveria em breve recomeçar. A menos que, como afirma o economista americano Paul Samuelson, o ciclo de Kondratieff mais não seja do que um «objecto de ficção científica»...

Sem relevar da ficção científica, o encadeamento em que as novas tecnologias se vêm substituir às antigas pode gripar. Tomado de um profundo pessimismo pela história europeia dos anos 30, Schumpeter publica em 1942 *Capitalismo, Socialismo e Democracia*, onde prediz o advento mundial da economia planificada de tipo soviético. Para ele, o empresário não pode puxar a sociedade para a riqueza se não evoluir num ambiente social e cultural favorável. Ora, ele está exposto à recusa do progresso, ao espírito de rotina e sobretudo à inveja suscitada pelos movimentos totalitário-fascistas e bolcheviques.

Combater os luditas

A recusa ou o medo do futuro pode vir de todas as categorias sociais. A dinâmica schumpeteriana impõe que os empregos desapareçam e, se acelerar, isso significa que todos serão obrigados na vida a mudar de profissão várias vezes, sob pena de passar por períodos de desemprego.

Esse medo do desemprego desde o início da era industrial que alimenta a recusa do progresso técnico.

Em 1811, em Inglaterra, os operários entram pelas fábricas para destruírem as máquinas, que acusam de lhes tomar os empregos. São os chamados luditas, em referência a Ned Ludd, que em 1782 destruiu teares de algodão, e que seria o seu chefe. Salvo que não sabemos ao certo se Ludd existiu realmente. Se os bandos que partem as máquinas são bem reais, já as autoridades britânicas convencem-se, num primeiro momento, que eles são enquadrados e manipulados pelos serviços secretos franceses. Porém, com Napoleão derrotado, a revolta ludita prossegue, ainda que com menos intensidade. Forma-se e perpetua-se a ideia de que a máquina e o progresso evoluem independentemente dos homens e contra eles.

Em 1921, um escritor checo faz representar em Praga uma peça em que autómatos se substituem aos homens para realizar a maior parte das tarefas necessárias à produção industrial. Ele opõe essa mão-de-obra, por natureza destituída de vontade, aos homens, deixando subentender que a existência dessas máquinas vai coagir os próprios homens a abandonar toda a forma de vontade. Dá a essas máquinas um nome que significa em checo mão-de-obra servil, a saber, *robot*. O robô que alivia o trabalho humano vê o seu nome introduzido na linguagem corrente a partir da ideia de que é um adversário potencial do homem.

Clinton tinha razão

Primavera de 1997, em Paris. O presidente Jacques Chirac acaba de dissolver a Assembleia Nacional e a campanha eleitoral está ao rubro. Lionel Jospin, o líder da oposição socialista, não se está a sair nada mal. Enquanto à partida se supõe que Chirac tem a certeza do seu golpe e que será o vencedor das eleições legislativas, Jospin não aproveita para multiplicar as promessas. Porém, assume um compromisso solene: uma vez eleito, o dossiê da fábrica da Renault de Vilvorde, na Bélgica, será reanalisado. De que se trata? Do encerramento para breve da fábrica em questão. Os dirigentes da Renault anunciaram-no em finais de Fevereiro desse ano. Entre as duas voltas das legislativas, Jospin, cuja vitória parece agora provável, recebe os sindicatos belgas. Promete-lhes que chegando ao poder o governo da «esquerda plural» ordenará que «os representantes do Estado [no conselho de administração da Renault] exijam que outras medidas sejam consideradas, estudadas e preparadas». Resultado: a fábrica fechará na data prevista...

Estamos agora em Janeiro de 1992. A siderurgia americana está em crise. As perdas acumulam-se, as exportações de aço não ultrapassam metade das importações, os sindicatos exigem medidas para relançar a produção. No processo eleitoral norte-americano, o mês de Janeiro é o das primárias de New Hampshire. Bill Clinton é um dos candidatos democratas. Se está em vias de se tornar conhecido, é sobretudo pelas suas escapadelas extraconjugais. Em plena campanha, é levado a falar perante um grupo de operários siderúrgicos, que esperam dele a promessa de salvaguarda da sua fábrica e dos seus empregos. O seu discurso é então claro e seguro: o que importa, diz-lhes, é a capacidade da América de criar riqueza e não o aço; o que importa é que cada um possa realizar-se na vida e não forçosamente sempre na mesma profissão. E eis que Clinton mobiliza o entusiasmo do seu público e acaba em segundo lugar nessa primária, à partida largamente perdida.

Os franceses têm dificuldades em admitir, mas é Clinton que tem razão, como Jospin, de resto, acabou implicitamente por confirmar: não se deve confundir reindustrialização com relocalização. A economia avança e não o faz pela consolidação do passado. E é tanto mais enervante quanto essa ideia teve em França pela primeira vez expressão mais eloquente.

Retrocedamos ao século XVIII. Colbert visita Bordéus, cidade tomada pela nostalgia inglesa, que se queixa do marasmo económico e dos impostos excessivos. Colbert pergunta o que pode fazer. A resposta dos bordeleses, na pessoa de um indivíduo chamado Legendre, é inequívoca: «Laissez faire, laissez passer»... Deixe fazer, deixe passar. A fórmula acerta em cheio, ao ponto de ser retomada. Turgot atribui-a a Vincent de Gournay [19] numa carta de 1752 a Trudaine, então intendente das Finanças. A formulação de Vincent de Gournay teria sido construída no infinitivo («laisser faire, laisser passer»), gerando

---

[19] Vincent não é nome próprio, mas nome de família desse inspirador de Turgot. O seu nome próprio é Jacques.

um tema de abundante debate entre os economistas sobre a boa ortografia a reter.

O dilema emprego estável/crescimento robusto nem sempre é bem compreendido. Em 1848 os dirigentes saídos da Revolução de Fevereiro inscrevem o direito ao trabalho na Constituição da II República. É preciso esperar por 1880 para que Paul Lafargue, um médico socialista genro de Karl Marx, proclame o direito à preguiça. Para ele, são «os padres, os economistas, os moralistas» que estão na origem desse culto irrazoável do trabalho. O risco do direito ao trabalho é o de se converter numa recusa do progresso técnico e, portanto, do crescimento e, portanto, finalmente do enriquecimento dos próprios trabalhadores. Escreve Lafargue: a defesa do direito ao trabalho pode tornar-se num modo de apoio absurdo a um sinistro «dever de miséria».

Os fisiocratas e a energia

Os fisiocratas de Quesnay tinham feito da agricultura a fonte de toda a riqueza e do crescimento. A sua visão foi muitas vezes escarnecida e eles acusados de ter defendido uma visão reacionária e ultrapassada do mundo, incensando o camponês quando a Revolução Industrial prestes a iniciar-se estava em vias de promover o operário. O pensamento anglo-saxónico, para melhor os desacreditar, realça Adam Smith, que através das suas teses sobre a divisão do trabalho teria visto o poder futuro da indústria e da sua organização. Para melhor valorizar Smith, certos economistas qualificaram-no como «ponocrata», significando pelo termo que ele era favorável ao poder do trabalho, contra os fisiocratas, que acreditavam no poder da natureza.

Tudo isto confere a Adam Smith uma presciência que ele não teve. Primeiro, porque o seu texto sobre a divisão do trabalho é um plágio de um artigo da *Enciclopédia*. Depois, porque ele tinha apenas uma ideia assaz confusa do que era a indústria, a ponto de não lhe atribuir futuro algum.

Estamos nos anos 1760. James Watt, que não domina o latim nem o grego, não conseguiu obter um diploma numa universidade inglesa. Apenas a Universidade de Glasgow consente em recebê-lo, para que possa obter um título de engenheiro, indispensável para ter o direito de criar uma fábrica. Ganhando a sua vida magramente como assistente de laboratório, arrenda um quarto na casa que o professor de Moral recebera pelas suas funções. Este não é outro senão Adam Smith. Dos longos serões que passam juntos, Watt retém que Smith o aconselha a não se obstinar em aumentar a eficiência das máquinas a vapor, não tendo estas, na sua opinião, qualquer hipótese de vir a desempenhar o mínimo papel no futuro. De facto Smith acreditava, como os fisiocratas, que a agricultura era a chave do crescimento económico.

Se voltamos à abordagem dos fisiocratas, é preciso porém fazer-lhes justiça, pois a sua intuição inicial tinha qualquer coisa de autenticamente premonitório: o crescimento económico nasce de uma combinação entre energia e inteligência humana, combinação que favorece a baixa dos custos e aumenta consideravelmente a quantidade de objectos criada num dado período de tempo. Sendo o sol a energia naturalmente posta à disposição do homem, a agricultura ampliada pelos fisiocratas deve ser entendida como o meio mais evidente de transformar o sol em produção. Mas tratar-se-ia de um sol há muito morto e conservado na terra na forma de carvão e petróleo. Os fisiocratas pensavam que a indústria utilizava por via do carvão o sol de ontem ou anteontem, e por via da agricultura o sol de amanhã. Afirmavam que o desafio era ser capaz de utilizar o de hoje: é mais do que nunca o caso.

Indispensável concorrência

Último factor de crescimento, a concorrência. É, com efeito, muitas vezes o sentimento de insegurança, que o empresário mantém, que o faz avançar. O empresário não consegue ficar imóvel, mesmo se se engana. Ignorar a força da sua descoberta, por medo do fracasso, leva amiúde *ipso facto* ao fracasso.

Em 1884, Édouard Delamare Deboutteville regista uma patente para um veículo movido por um motor de explosão. É considerada a primeira patente registada de um automóvel. Diplomado pela Escola Superior de Comércio de Rouen, tem imensas ideias e combina um verdadeiro sentido de negócio com um gosto pronunciado pelas novas técnicas. Porém, este pioneiro está convencido de que o automóvel não tem futuro e quando morre prematuramente está à frente de uma empresa de venda de mariscos... O futuro não só não está escrito em parte alguma, como também, afirmava o filósofo Althusser, dura muito tempo.

Para forçar as empresas a agir, o instrumento privilegiado é pois a concorrência. Todos os relatórios sobre o relançamento do crescimento insistem neste aspecto. Um dos mais conhecidos é o relatório Rueff-Armand.

Maio de 1958. De volta ao poder, o general de Gaulle fixa três objectivos: uma nova constituição, a saída do vespeiro argelino e a estabilização financeira. Nessa Primavera de 1958, a situação é delicada. As divisas em caixa representam o equivalente a um mês de importações. A inflação, contida entre 1956 e 1957 graças a um severo controlo de preços, retomou o seu ritmo anual de 15%. De Gaulle nomeia Antoine Pinay para as Finanças. Desconfiando dele, impõe-lhe que trabalhe com Jacques Rueff. Politécnico ([20]), inspector das Finanças, este ocupou diversos cargos de responsabilidade na administração: conselheiro de Poincaré aquando da estabilização do franco em 1928, tornou-se mais tarde director do Mouvement général des fonds ([21]), organismo que antecede nas funções a Direcção Geral do Tesouro. Rueff põe em marcha um plano de austeri-

---

([20]) Isto é, engenheiro licenciado na prestigiada École Polytechnique *(N.T.)*.
([21]) Literalmente, Movimento Geral dos Fundos *(N.T.)*.

dade que se articula em dois eixos e entra para a história com o nome «Plano Rueff-Pinay»: uma desvalorização e um regresso ao equilíbrio orçamental. Em 1959, pela primeira vez desde 1930, o orçamento é excedentário.

Reforçado pelo sucesso, Rueff propõe a de Gaulle que inicie reformas estruturais. Mas como desde 1950 a taxa de crescimento média é de 4,9%, de Gaulle não sente a sua urgência. Um decreto de 13 de Novembro de 1959 cria contudo uma comissão presidida pelo primeiro-ministro Michel Debré, encarregado de «examinar as situações de facto e de direito que constituem formas injustificadas de obstáculo à expansão da economia». A comissão tem dois vice-presidentes, Jacques Rueff e Louis Armand. Também ele politécnico, engenheiro do *Corps de mines* ([22]), Louis Armand fez o essencial da sua carreira nos caminhos-de-ferro, tornando-se presidente da SNCF ([23]) em 1955. Além dos seus dois vice-presidentes, a comissão reúne 14 membros, altos funcionários, sindicalistas e dirigentes de empresas. Entrega em Julho de 1960 o seu relatório, inspirado em grande parte nos pontos de vista liberais de Rueff ([24]).

Três frases, no começo, resumem bem a filosofia que impregna o texto:

> É fácil verificar que, de facto, certas leis ou regulamentos económicos têm actualmente por efeito, se não por finalidade, proteger indevidamente interesses corporativos que podem ser contrários ao interesse geral e, designadamente, aos imperativos da expansão. (...)

([22]) Organismo da função pública francesa, agrupando os engenheiros de minas, criado com nome semelhante na sequência da Revolução Francesa, que acabou por desempenhar um papel muito prestigiado enquanto comissão de aconselhamento sobre aspectos essenciais das políticas públicas no domínio económico e financeiro *(N.T.)*.

([23]) Sociedade Nacional dos Caminhos de Ferro franceses, empresa pública *(N.T.)*.

([24]) O relatório pode ser consultado na internet, no portal La Doumentation française.

A Comissão estima que um bloqueio rigoroso dos preços e dos salários não pode ser mais do que uma medida de circunstância, justificada apenas por situações muito excepcionais. (...)
A inadaptação da administração pública às suas diversas funções constitui um freio à expansão.

Este diagnóstico sobre os bloqueios da economia francesa é sustentado por análises muito clarividentes sobre certos desafios do futuro. Assim, o relatório inquieta-se sobre a evolução da qualidade do ensino e depois interroga-se sobre as reformas em termos premonitórios: «O crescimento do número e da proporção das pessoas idosas põe um problema importante sob uma nova forma, que exigirá um exame aprofundado de certas concepções sobre as suas condições de trabalho e reforma».

As recomendações organizam-se em torno de cinco temas: reduzir as rigidezes que afectam a economia; eliminar o que atenta contra a veracidade dos custos e dos preços; afastar os obstáculos a um crescimento harmonioso; remediar as insuficiências de informação e instrução; reformar a administração.

O seu conteúdo traduz a vontade da comissão de libertar os preços e reforçar a concorrência. Aí encontramos propostas fortes, como a do abandono da lei de 1948 sobre o congelamento das rendas, mas também uma análise minuciosa de certas profissões como os – já célebres – taxistas parisienses. Ao ponto de se perder em detalhes (o relatório contém esta frase: «A Comissão verificou a necessidade de favorecer a expansão do mercados de sumos de fruta e de águas minerais e a diminuição dos preços de venda destes produtos»!).

Apelo à liberdade económica e à concorrência, o relatório Rueff-Armand continua em grande parte letra morta. O controlo dos preços, cuja supressão era tão importante para Rueff, só desapareceu em Dezembro de 1986. Quanto à Comissão Attali, encarregada em 2008 de fazer uma proposta para o crescimento, retomou uma série recomendações do relatório Rueff-Armand. É preciso dizer que ao começar os seus trabalhos encontrou praticamente o mesmo número de alvarás de táxi em Paris que havia em 1960...

A dinâmica da concorrência tem igualmente um papel a nível mundial e o crescimento de convergência que observamos nos países emergentes está associado a uma maior liberdade económica e ao abandono do dirigismo que marcou as décadas de 50 e 60.

Liberdade, querida liberdade... económica

Nos comentários sobre os acontecimentos da Primavera Árabe de 2011, alguns observadores lembraram a propósito que o partido tunisino de Ben Ali – a União Constitucional Democrática – e o do egípcio Mubarak – o Partido Nacional Democrático – eram membros da Internacional Socialista. Quanto ao coronel Kadafi, manteve até ao último momento, para lá das suas reviravoltas imprevisíveis, a afirmação de que construía um socialismo árabe inspirado em Nasser.

Quem perdeu a partida em 2011 no Norte de África foi não só um modo de organização política mas também uma forma dirigista-estatista de gestão da economia. Foram as castas predadoras que foram derrotadas, castas que tinham construído as suas referências para se manter no poder com um vocabulário herdado da URSS. O fim das ditaduras comunistas na Europa de Leste pôs termo à aventura rapidamente tornada absurda do comunismo leninista, ao qual os acasos da história europeia haviam dado uma extensão geográfica e uma duração no tempo muito para lá dos seus méritos económicos, políticos e morais. Mas essa aventura manteve-se numa versão abastardada em certos países em vias de desenvolvimento, refreando o seu crescimento e dando-lhe um contorno espoliador.

Se a derrota fascista fizera a força do estalinismo dos anos 40 e 50, a descolonização fez a força da versão cleptocrática do estalinismo, em que consistiu o período de Brejnev. Na sequência do fim dos impérios, muitos países quiseram marcar uma ruptura com as antigas potências coloniais, adoptando o discurso e algumas práticas soviéticas. Dotaram-se de sectores públicos pletóricos e ineficazes, isolados da realidade económica mundial pelo proteccionismo, e da eficiência produtiva pela recusa de qualquer forma de concorrência. O desaparecimento da caução ideológica soviética não pôs inteiramente em causa estes sistemas. Os países do Sul que tiveram o seu período de «construção do socialismo» guardaram alguns traços do brejnevismo: a corrupção de forte cunho familiar – o genro de Brejnev nada tinha a invejar à capacidade de desvio de fundos dos Trebelsi da Tunísia ou da família de Kadafi; a pretensão ridícula à excelência intelectual – o domínio do direito rapidamente adquirido pela Sr.ª Ben Ali tinha o seu equivalente na atribuição por duas vezes do Prémio Lenine da literatura a Brejnev (!) ou ao estranho doutoramento em Química da Sr.ª Ceausescu; a afirmação grandiloquente de sucessos económicos amplamente fictícios; a abertura cada vez maior às empresas ocidentais para assegurar a realidade do crescimento.

O contra-choque petrolífero de meados dos anos 80, ao agravar o défice da balança corrente da URSS e, portanto, indirectamente dos seus dependentes de Leste, derrotou o brejnevismo. Tornou-se impossível manter a segurança económica medíocre que o sistema proporcionava às populações. E, uma vez que o sistema acrescentava à ditadura mesquinha subidas de preços cada vez mais frequentes e bichas cada vez mais longas à porta das lojas, a revolta fatal poderia começar a qualquer momento. Esse momento foi 1989. Da mesma forma, as frustrações políticas no Norte de África viraram-se contra os regimes de partido único, contra os grupos cínicos que haviam esvaziado o discurso político de qualquer sentido, quando as subidas de preços, a estagnação do poder de compra e a degradação social dos jovens tornaram insuportável a sua impostura económica e moral.

As revoluções iniciadas em Berlim, em 1989, prolongaram-se nos países emergentes. Os anos de crescimento que esses países têm pela frente não serão plenamente eficazes a não ser quando o processo de eliminação das cleptocracias «pós-brejnevistas» chegar ao seu termo. É então que a dinâmica da poupança e do investimento, do crescimento e da destruição criadora se poderá concretizar de forma duradoura e equilibrada.

Conclusão

Crescimento, direito ao trabalho, emprego, consumo, todas essas palavras se associam frequentemente sem hierarquia. Em 1763, os soldados desmobilizados do exército inglês começaram nas oficinas do acaso e da fortuna a produzir um têxtil que acabaria por encontrar comprador junto desse mesmo exército. Iniciaram sobretudo um processo que, graças ao êxodo rural e ao progresso técnico, melhorou consideravelmente a vida dos homens. Malthus afirmava que a terra não conseguiria alimentar e assegurar a vida de mais de 700 milhões de seres humanos. Hoje, somos 7 mil milhões e, independentemente do que alguns pensem, vivemos hoje melhor do que na época em que Malthus escrevia. É a obra do crescimento, alimentada pelo progresso técnico e o êxodo rural. E esse crescimento é tanto mais útil quanto favorece os pobres.

Já falámos na lei de Wagner, que faz do Estado o grande beneficiário do crescimento. Mas é preciso notar que o progresso técnico e o crescimento que ele permite favorecem sobretudo os pobres. É ainda neste ponto que Schumpeter nos dá uma ilustração. Aponta para o exemplo de um poderoso em 1750 e outro de 1950 [25] e compara-os aos respectivos concidadãos. Em 1750, o homem mais poderoso do planeta é o rei de França, Luís XV. Se decide ler à noite, toca à campainha e trazem-lhe em forma de velas a quantidade de luz que deseja. Em 1950,

---

[25] O ano de 1950 é tomado a título de exemplo, pois Schumpeter quase não o conheceu: morreu em 8 de Janeiro de 1950.

o homem mais poderoso é o presidente dos Estados Unidos, Harry Truman. Quando à noite decide ler, carrega num botão eléctrico e tem à sua disposição a mesma quantidade de luz que Luís XV, nem mais nem menos. Tomemos agora o caso do camponês de 1750: à noite, é obrigado a dormir, pois não tem qualquer possibilidade de obter luz. Em contrapartida, o agricultor americano de 1950 tem a mesma quantidade de luz de Truman. Os beneficiários do progresso, aqueles cuja vida melhorou consideravelmente, são pois os pobres. Exigir crescimento é portanto também reduzir as desigualdades.

Essa é a razão por que hoje, como ontem, é necessário regressar ao crescimento. À parte alguns grupos ecologistas radicais largamente minoritários, ninguém contesta a sua necessidade. É preciso dizer que o crescimento baixou tendencialmente desde os anos 70. Um dos primeiros factores que explica essa tendência é a evolução do preço da energia. A energia tende a ser cada vez mais cara e como é provável que a tendência não se inverta no horizonte mais imediato, não é desse elemento que se poderá esperar uma dinâmica de expansão. Resta, nos factores explicativos que avançámos, o progresso técnico, mas a encantação não basta para o obter. Fica como instrumento último a concorrência. Rueff havia-o dito em vão, e Attali em vão o repetiu também... de momento.

Bibliografia

Christian de Boissieu, Denise Flouzat, *Économie contemporaine, croissance, mondialisation et stratégie économique*, PUF, 2006.
François Caron, *La Dynamique de l'innovation: changement téchnique et changement social*, Gallimard, 2010.
Michel Drancourt, *Leçons d'histoire sur l'entreprise, de l'Antiquité à nos jours*, PUF, 2002.
Jean Fourastié, *Les 30 Glorieuses*, Fayard/Pluriel, 2011.

Bertrand Gille, *Histoire des tecnhiques*, Gallimard, «Bibliothèque de la Pléiade», 1978.

Joseph Schumpeter, *Capitalism, socialism et démocratie*, Payot, 1990.

Joseph Schumpeter, *Théorie de l'évolution économique*, Dalloz, 1999.

LIÇÃO 5

UMA MOEDA SÓLIDA

A moeda é a vários títulos um dos fenómenos mais comentados e mais misteriosos da reflexão económica. Muito curiosamente, apesar da vastidão de obras que lhe dizem respeito, os economistas são incapazes de definir correctamente a moeda. Podemos atribuir-lhes três funções. Podemos dar-lhe a aparência inicial do ouro, uma vez que, na origem, a quantidade de moeda em circulação corresponde a uma quantidade de ouro. Mas não podemos ir mais além.

Moeda, quem és tu?

As funções da moeda são:
– permitir a troca de forma prática, sendo a troca directa pouco cómoda;
– associar cada bem a um preço;
– conservar no tempo poder de compra, expressão de um valor.
A transmissão no tempo do valor é também uma função da poupança. Para distinguir entre moeda e poupança, considera-se que a moeda circula, ao passo que a poupança espera: é

monetário o que muda rapidamente de mãos, é poupança o que permanece imóvel. Para estabelecer essa diferença, convencionalmente escolhe-se uma duração da imobilização. Em termos históricos, um título financeiro que não muda de mãos em três meses é uma forma de poupança. Em contrapartida, um título financeiro cujo prazo e rotação ocorrem antes de três meses é moeda. Esta distinção refere-se às práticas financeiras inglesas do século XVIII. Três meses era a duração mínima dos empréstimos do Tesouro britânico da época, e quem na altura dizia moeda e finanças dizia já Londres e Inglaterra. De facto, essa cesura mostra já a dificuldade em definir correctamente a moeda por via das consequências relativas à medição da quantidade emitida.

As funções atrás identificadas não são postas em questão por nenhum economista. Evidentemente: essa tipologia foi estabelecida por Aristóteles. Para definir e compreender a moeda, poder-se-ia, para além das funções, abordar a sua etimologia.

A palavra «moeda» vem-nos da deusa romana Junon Moneta. Esposa de Júpiter, o rei dos deuses, Junon tem o poder de ver o futuro, que se diz *moneta* em latim (*premonitório* é a palavra que daí resulta directamente). Sucede que as autoridades romanas instalaram no templo de Junon a oficina de moedas que, por esse facto, vieram a ser qualificadas como objectos «monetários». A palavra designa, pois, inicialmente o lugar de fabrico e não a própria natureza desses objectos. Na origem, os objectos são principalmente metálicos e, em particular, brilhantes, como o ouro ou a prata.

As águas do Pactolo

O inventor da moeda – no sentido actual do termo – é o rei da Lídia, Giges, que em 687 a.C. substitui os lingotes de ouro por pedaços de electrum (liga natural de ouro e prata), aos quais foi dada uma forma e um peso constantes. A Lídia era um reino da Ásia Menor, cujo território está hoje situado na Turquia. A sua capital era Sardes. O rei dispõe de tantos metais preciosos porque o rio que atravessa Sardes abunda neles. O rio chama-se Pactolo... e virá a dar o nome a qualquer tesouro minimamente consistente. Pactolo é, com efeito, um nome próprio, de tal forma que até ao início do século XX os escritores grafam a palavra com inicial maiúscula.

Mas porque há tanto ouro no rio Pactolo? Estamos na Antiguidade. A resposta, portanto, remete para uma narrativa mitológica. No caso em apreço, trata-se das consequências de uma decisão de Dioniso, o deus do vinho (é o seu nome grego; em latim chama-se Baco). Dioniso interessou-se pelo Pactolo por causa de Midas, rei da Frígia, um reino da Ásia Menor próximo da Lídia. Midas prestou um serviço a Dioniso, que o recompensa realizando-lhe um desejo. Midas pede que tudo em que toque se transforme em ouro. Acabando impossibilitado de comer e beber, pede a Dioniso que receba de volta o seu presente. Dioniso recomenda-lhe que lave as mãos nas águas do Pactolo, cuja areia se transforma em ouro. E eis porque há ouro nas águas do rio. No século VI a.C., o descendente de Giges chama-se Creso. Racionaliza o fabrico de moeda, impressionando de tal modo os seus contemporâneos que estes rapidamente se vão convencer que Creso é imensamente rico. A sua reputação atravessará os tempos.

Fundada na Lídia no século VII a.C., a moeda conheceu uma história longa e rica, de que retiraremos mais uma vez alguns acontecimentos significativos. Veremos nascer o *solidus* romano, o franco francês e o dólar, e depois especificaremos quem cria a moeda, e como.

O solidus de Constantino

A moeda emblemática do fim do Império Romano chama-se *solidus*. Foi emitida por Constantino, a partir de 310. Nessa data, Constantino prepara-se para se lançar à conquista do poder imperial. Ele reside, na altura, em Tréveris (Trier), de modo que a primeira moeda a ter uma reputação de perenidade e, como o seu nome indica, de robustez nasceu na Alemanha (não muito longe da sede do Bundesbank...).

Essa moeda representava o equivalente a 4,5 gramas de ouro. Substituiu a antiga moeda, o *aureus*, definida por Augusto. Na sua origem, o *aureus* pesa 8 gramas de ouro. Quando Constantino decide cunhar moeda, já não há mais do que 5,4 gramas de ouro nos *aurei*. Diocleciano, que é imperador de 284 a 305, mergulhou o país na inflação. Multiplicou as moedas para cobrir o défice orçamental do Império. Confrontado com um colapso das receitas fiscais, Diocleciano reorganiza as finanças do Império sacrificando o *fiscus* (ver Lição 2), pois monetiza o bronze para pagar as despesas. A confiança na moeda desaparece e a troca directa tende a generalizar-se em todo o território imperial. Na parte da economia que permanece monetária, instala-se a inflação.

Constantino decide romper com estas práticas monetárias. Convence-se rapidamente de que é preciso restabelecer a confiança na moeda. Opera uma última desvalorização, e assume o compromisso de estabilizar a taxa do *solidus* e lutar contra a alta dos preços. Joga com a ambiguidade do nome que dá à sua nova moeda que, para os romanos, evoca simultaneamente a estabilidade e o sol (*sol* em latim). Como não pensar no sol quando se vê uma moeda de ouro? Ao assumir todo o poder no Império em 313, Constantino faz do *solidus* a moeda imperial. Acompanha a sua reforma monetária de uma política de deflação pela baixa das despesas públicas. Entre as suas decisões conta-se a adopção progressiva do cristianismo, que alguns historiadores da economia não hesitam em interpretar como uma medida de racionalização orçamental. Com efeito, um deus único permite reduzir os efectivos sacerdotais e o número de lugares de culto, relativamente ao politeísmo.

Tornada a moeda de Constantinopla e do Império Bizantino, o *solidus* nunca mais será desvalorizado até ao século XI. Torna-se num padrão monetário de tal importância que toda a gente o procura. A sabedoria popular vai guardar-lhe o rasto: durante muito tempo, em francês, a moeda que o povo reconhece chama-se sol, que o século XIX transformará em *sou*. E a população conservará o hábito de reclamar aos seus dirigentes «sous». Com Constantino, reserva-se o *solidus* para os apoios ao regime. É assim que ele é usado prioritariamente para pagar as tropas leais e bem treinadas que garantem a segurança do poder imperial. Os militares a quem se paga *solidi* estão em situação de *solidi dati* (*dati* = dados), expressão que se contrairá em «soldados».

Quando Roma cai, os *solidi* são fabricados em Constantinopla, na parte histórica da cidade correspondente à antiga Bizâncio. Tomam então no Ocidente o nome de *bezantes*, que significa «vindos de Bizâncio». O que tem valor vale o seu «bezante de ouro». Só recentemente a expressão se transformou, por desconhecimento das aventuras monetárias bizantinas, para se converter em «pesant d'or» ([26]).

Diocleciano, que cria moeda para resolver os seus problemas correndo o risco de ter de enfrentar a inflação, é o precursor ancestral longínquo – e indirecto – do keynesianismo, ao passo que Constantino, defensor de uma moeda estável, seria um dos primeiros monetaristas. De forma prática, podemos afirmar três coisas a partir deste exemplo: os povos exigem moedas estáveis; as finanças públicas bem geridas permitem a consolidação de uma moeda; uma vez adquirida a credibilidade, frequentemente a um preço elevado, é preciso fazer tudo para a conservar.

([26]) O autor refere-se a uma expressão idiomática francesa e intraduzível literalmente. Diz-se de uma coisa muito preciosa que «elle vaut son pesant d'or», que traduziríamos por «ela vale o seu peso em ouro» *(N.T.)*.

O início do franco

Estas verdades vão manifestar-se claramente quando o franco nasce, em 1360. Tudo começa com Filipe, *o Belo*, que reina de 1285 a 1314. O seu reinado é difícil, os reveses militares sucedem-se. Como tem necessidade de dinheiro, primeiro acusa e depois extermina os Templários, na esperança de recuperar o seu tesouro. Em vão. Corta moeda, desvaloriza-a, tentando corrigir as consequências sobre a credibilidade da sua moeda por meio de revalorizações bruscas, como em 1306. No fim, adquire a reputação detestável de moedeiro falso. Na *Divina Comédia* Dante trata-o como tal e condena-o à pena de morte, que impende sobre os moedeiros falsos. Estes eram punidos com a morte e depois o seu nome era apagado de todo o acto jurídico. Dante esforça-se, portanto, por falar de Filipe, *o Belo*, sem o nomear.

Para romper com esta personagem «inominável», a monarquia vai criar o franco. Este é «filho» de dois franciscanos, Jean Buridan [27] (1295-1358) e Nicolas Oresme (1320-1382). Querendo-se próximos dos pobres, constroem uma teoria que atribui aos instrumentos da economia como a moeda e as finanças do Reino uma utilidade social e, como tal, os poderosos não podem servir-se deles como muito bem entenderem.

No seu *Traité des monnaies* (Tratado das moedas), que é publicado em 1355, Oresme sentencia o que o próprio Milton Friedman considerava a primeira pedra do edifício teórico monetarista: o Príncipe, ao procurar modificar o teor metálico das moedas, provoca uma alta de preços e prejudica o comércio. A moeda não lhe pertence, mas pertence «ao povo dos negociantes», que dela tem necessidade para realizar trocas justas. O Príncipe tem deveres e entre estes Oresme estabelece o de

---

[27] Jean Buridan ficou célebre na história por ter sido associado a uma teoria da indecisão, fundada numa parábola sobre o burro incapaz de escolher entre a água e a aveia, morrendo em resultado disso.

fazer «bonne yconomie» (boa economia, ortografia do século XIV). Nesse sentido, opõe-se aos dominicanos como S. Tomás, para os quais o Príncipe só tem contas a prestar a Deus, e aproxima-se do mundo dos comerciantes. A oposição de Oresme às manipulações monetárias leva-o a aconselhar o futuro Carlos V a conduzir uma política monetária de estrito respeito pelo valor estabelecido das moedas. Ele supervisiona em 1360 a criação de uma nova unidade monetária que se chama franco. Entre as explicações correntemente admitidas para este nome, há o facto de Oresme ter insistido junto de Carlos V para que o poder real não atentasse contra as moedas postas a circular, ou, dito de outro modo, não mentisse sobre a qualidade da moeda: o instrumento monetário de Carlos V não mente, chama-se naturalmente... franco. Milita a favor dessa interpretação a circunstância de no reinado de Carlos VI, quando o poder real recomeça a cortar as moedas, o nome mudar, retomando a designação «libra». Ilustração do papel económico da inflação, condenada e combatida por Carlos V, que passou à história como Sábio, e reintroduzida por Carlos VI, cujo cognome seria... o Louco.

Porquê o dólar?

Haveria muito a dizer sobre a longa história que separa Creso da fundação do euro. Um destino particular merece a nossa atenção nessa vasta sequência: é o *thaler* austríaco, cunhado com a efígie de Maria Teresa da Áustria, a partir de 1751. O *thaler* conheceu um sucesso insuspeitável. Na origem desse sucesso, esteve primeiro a abundância de prata de que Viena dispunha, em importantes minas na Boémia. Depois, houve a utilização sistemática desses *thaleres* para saldar o défice externo austríaco, o que teve como consequência distribuí-los entre os parceiros comerciais da Áustria. Mas esse sucesso foi incontestavelmente ampliado pela efígie da imperatriz. O seu retrato gravado nas moedas inspirou rapidamente àqueles que as manejavam uma confiança colectiva quase mágica. A moeda é confiança («crédito») e esta funda-se, por vezes, em elementos fundamentalmente irracionais. Após a morte de Maria Teresa em 1780, o seu filho e sucessor José II vende o *stock* de moedas com a efígie da mãe, com confortável benefício. O *thaler* está por toda a parte e serve duravelmente de referência internacional. A ponto de ser ainda usado em 1960 no Médio Oriente. A sua reputação atravessa o Atlântico e atinge os muito novos Estados Unidos, onde o seu nome, em bocas anglo-saxónicas, se torna dólar....

Moeda moderna: depósitos e créditos; créditos e depósitos

Ouro, prata: durante muito tempo, eis o que era moeda. Hoje, se a moeda tem as mesmas funções de outrora, mudou de forma. Dantes a sua quantidade aumentava ao ritmo das descobertas mineiras ou da deterioração da sua qualidade. E hoje? Quem cria a moeda, e como o faz? Quem são os mineiros, os garimpeiros ou... os alquimistas da economia moderna?

Para responder a essa questão, voltemos ao ouro e partamos daí. A sua quantidade num país aumenta, seja quando se descobre uma mina, seja pelo facto de haver transferência de moeda de outro país, por via do excedente comercial externo, seja ainda na sequência de uma vitória militar, que permite espoliar o vencido. Se estes factores continuaram a desempenhar um papel – a quantidade de moeda em circulação na Alemanha aumentou no equivalente a 20% do PIB, em 1871, na sequência dos cinco mil milhões de francos pagos pela França vencida –, a lógica da criação monetária mudou com o aparecimento dos bancos.

Essa mudança deu-se progressivamente e respondeu a necessidades práticas. A dificuldade de transportar ouro conduziu à sua substituição nas deslocações por notas promissórias, permitindo obter em qualquer lugar com uma representação bancária o ouro de que se tem necessidade. O banco inicial é um organismo que recebe depósitos na forma de ouro e põe notas em circulação. Como não pode deixar inactivo esse ouro nas suas caixas, o banco repõe-no em circulação emprestando-o. Ao fazê-lo, cria um mecanismo:

$$\text{Depósito} \longrightarrow \text{Crédito} \longrightarrow \text{Depósito}$$

que inicia a criação monetária. Expliquêmo-lo.

Um banco recebe 100 em ouro e fornece o equivalente em notas. Dos 100, empresta 80 em ouro a alguém que lhe entrega imediatamente o ouro e pede-lhe notas. Há desde aí 100 em ouro no activo do banco e 180 de notas em circulação. O banco recomeça a emprestar uma parte do ouro – digamos 60 – que regressa de novo quase instantaneamente.

O processo resume-se assim: tendo recebido 100 em ouro, o banco reempresta esse ouro sucessivamente a diversas pessoas, gerando sistematicamente, por razões de segurança, uma reserva sobre a quantidade de ouro que põe em circulação. De cada vez, reempresta c multiplicado pela soma que lhe entregaram (c como crédito, como confiança, pois o banco recebe a confiança daqueles que lhe entregaram o seu ouro e a quem ele entregou notas).

A quantidade total de notas postas a circular é:

$$100 \times (1 + c + c^2 + c^3 + c^4 + \ldots + c^n + \ldots), \text{ isto é, } 100/1 - c \; [28]$$

---

[28] A formalização e a dedução podem não ser intuitivas. Considere-se que $100c^2$, o segundo empréstimo concedido, é concedido sobre a soma constituída em depósito do primeiro empréstimo igual a $100c$ (c é inferior a um e maior que zero), e é de novo uma proporção c constante dessa quantia, ou seja, $100c \times c$, isto é, $100c^2$, e assim sucessivamente.

A quantidade X de notas em circulação é assim

$X = 100 + 100c + 100c^2 + 100c^3\ldots$, uma série geométrica infinita.

Multipliquem-se ambos os termos da igualdade por c e obtém-se:

Chamada moeda fiduciária, ela é igual a:

Quantidade de ouro/$1 - c$

Neste sistema em que cada novo depósito permite um crédito que, por sua vez, leva a um novo depósito, a massa monetária é constituída por todos os equivalentes do ouro que os bancos puseram em circulação, todos os compromissos de fornecer ouro que os bancos assumiram. Esse conjunto de compromissos dos bancos está inscrito nos seus passivos. De forma que ainda hoje se define a massa monetária como a soma dos passivos dos bancos, líquida dos seus fundos próprios.

A lógica monetária conhece uma segunda mutação com o desaparecimento do [padrão] ouro. Em Agosto de 1971, o presidente dos EUA, Richard Nixon, torna os dólares inconvertíveis em ouro. Essa decisão é oficialmente estabelecida pelos acordos da Jamaica de 1976: saída do padrão-ouro, que dominou a cena monetária mundial de Creso a Nixon. Mas os bancos não deixaram de emprestar e, portanto, de criar moeda pelo mecanismo do crédito, mas já sem o sustentar num depósito inicial de ouro.

A sequência monetária é pois a seguinte:

Crédito ———— Depósito ———— Crédito

$$cX = 100c + 100c^2 + 100c^3 + 100^4...$$

Subtraia-se termo a termo a primeira igualdade à segunda e obtém-se a terceira igualdade assim expressa:

$$cX - X = 100, \text{ donde}$$

$$X(c - 1) = 100, \text{ e por fim,}$$

$$X = 100/c - 1 \ (N.T.).$$

Este mecanismo fundamental é muitas vezes mal compreendido e muitos comentários sobre a moeda partem da ideia implícita, mas falsa, de que os bancos têm necessidade de depósitos para efectuar empréstimos. Convém insistir no facto de que *são verdadeiramente os créditos que fazem os depósitos... Além disso, esse crédito é feito pela banca comercial e, portanto, é ela, e não o banco central, que está na origem da criação monetária.*
A criação monetária nasce da decisão de um banco fornecer crédito para um projecto de um dos seus clientes. Quando toma essa decisão, o banco abre uma conta corrente ao seu cliente, dotada de um crédito concedido, conta que o banco inscreve no seu passivo. Na contrapartida, inscreve um crédito que lhe será posteriormente reembolsado. A conta corrente assim creditada corresponde à moeda criada. Essa moeda é criada *ex-nihilo*.

Inflação e moeda

No inconsciente colectivo, essa criação de moeda *ex-nihilo* está associada sistematicamente à inflação, quer dizer, a uma alta generalizada dos preços. Mas não há inflação a não ser que o aumento da quantidade de moeda em circulação não corresponda a um aumento da produção, quer dizer, quando o banco empresta a alguém que é incapaz de usar o seu empréstimo para criar riqueza.
A inflação não se resume à criação de moeda. Com efeito, o que importa não é a quantidade de moeda criada e posta em circulação, mas a sua qualidade. Segundo o economista Milton Friedman, prémio Nobel em 1976, «a inflação é sempre um fenómeno monetário no sentido em que não pode ocorrer sem um crescimento mais rápido da quantidade de moeda do que do produto» ([29]).

([29]) Seguimos a citação no original *(N.T.)*.

Se a produção aumentar tão rapidamente quanto a quantidade de moeda, não há inflação.

Teoria quantitativa da moeda

O primeiro nome que se sublinha quando se reflecte sobre a inflação e as suas consequências económicas é o de Jean Bodin (1529-1596). Os seus *Six livres sur la République* (*Seis livros sobre a República*), obra célebre em que aborda a natureza do Estado, contêm considerações sobre a origem da alta dos preços. Bodin confirma o seu ponto de vista sobre o tema na sua *Réponse au paradoxe de M. de Malestroict touchant l'enchérissement de toutes choses, et le moyen d'y remédier* (*Resposta ao paradoxo do Sr. Malestroict tocante ao encarecimento de todas as coisas, e o meio de o remediar*). Bodin é o primeiro a formular a *teoria quantitativa da moeda* ou, mais precisamente, a enunciar a sua equação quantitativa.

A referida equação escreve-se

$$\mu V = pY,$$

em que μ é a quantidade de moeda em circulação, V a velocidade dessa circulação, quer dizer, o número de vezes em que num período dado um valor monetário muda de mãos, p o nível geral dos preços e Y a produção.

Embora seja precedido por Oresme na sua visão das questões monetárias, Jean Bodin mostra uma clareza de expressão que lhe confere o privilégio de ser considerado o pai da teoria quantitativa.

Bodin assiste à inflação do final do século XVI. Esse século é marcado por um afluxo considerável de metais preciosos ao Ocidente. Entre 1450 e 1550, a massa monetária na Europa – excluindo o Império Otomano – é multiplicada por oito. Isso provoca uma subida de preços que se torna um parâmetro estruturante da situação económica, de modo que pela primeira vez desde Diocleciano se pode falar outra vez de inflação. Bodin dá pois a causa dessa inflação na sua *Resposta ao paradoxo*. A abundância de ouro e prata provenientes das conquistas americanas de portugueses e espanhóis é aí descrita como «a principal e quase única» causa da inflação. Porém, identifica outras, como as más colheitas que conduzem à escassez e ao aumento dos preços agrícolas. Aos seus olhos, contudo, estas causas continuam a ser secundárias relativamente ao aumento do *stock* de metais preciosos, quer dizer, ao aumento de µ. Na linhagem de Oresme, a sua fórmula «Não há riqueza que não venha dos homens», que é ainda frequentemente utilizada, funda *a priori* o crescimento, não sobre a gestão do *stock* de moeda, mas efectivamente sobre a capacidade de trabalho de que dispõe um país através da evolução da sua população.

Isso não o leva a fazer da inflação um mecanismo sistematicamente condenável. Ele nota que ela apaga as dívidas – o que facilita a gestão dos Estados e favorece o investimento – e que tem tendência para favorecer os comerciantes que agem em detrimento dos proprietários rentistas que são ociosos – muito frequentemente nobres e entidades religiosas. A inflação de Bodin é como o imposto de Hume: desde que moderada, é uma incitação ao trabalho.

Para reencontrar uma reflexão tão aprofundada sobre a inflação temos de nos interessar por um período em que, como no século XVI, esta se manifeste de novo de forma geral e durável. Em França, Charles Dutot (1671-?), que pertence à administração das Finanças de Luís XV, reage à bancarrota de Law, à qual voltaremos, e à tentativa infeliz de introdução do papel-moeda. Publica em 1735 *Réflexions politiques sur les finances et le commerce* (*Reflexões politicas sobre as finanças e o comércio*) nas quais insiste no facto de que concentrar as reflexões sobre o Estado, a dívida pública, a quantidade de moeda em circulação, equivale a passar ao lado o essencial, que reside na criação de riqueza pelo trabalho de todos. Em particular, retoma a velha ideia de Oresme e dos franciscanos do século XIV, segundo a qual a moeda serve aos comerciantes e deve escapar ao soberano: a inflação deve ser banida. Sublinhemos que esse rigor vai ser acusado por alguns economistas de ter refreado o crescimento económico e a modernização da França do século XVIII... E quando sabemos que a Revolução desencadeou uma crise de inflação incrível, compreendemos também certas reticências monetárias da França do século XIX.

Vantagens da inflação?

De facto a inflação volta a ser um tema de preocupação internacional à saída da Primeira Guerra Mundial. Para a analisar e teorizar iremos começar por fazer uma viagem a Munique, em Abril de 1919. É a época em que a extrema-esquerda bávara toma o poder por alguns dias e proclama a República dos Conselhos da Baviera. O comissário do povo para as Finanças dessa república de inspiração soviética – mas antibolchevique –, que não dura mais do que de 7 de Abril a 2 de Maio, chama-se Silvio Gesell.

Qualificado por Keynes de «estranho profeta», Silvio Gesell desenvolveu uma visão da economia desassombrada, construída como autodidacta, uma visão em que teorias bizarras emparelham com intuições notáveis. Nascido a 17 de Março de 1862, perto de Aix-la-Chapelle, numa região alemã que se tornou belga em 1919, divide a sua vida entre a Argentina, onde a família gere comércios vários, a Suíça e a Alemanha. Em Abril de 1919 é, pois, Comissário do povo para as Finanças da República dos Conselhos da Baviera, dirigida por intelectuais anarquizantes. Quando morre de pneumonia em 11 de Março de 1930, deixa uma obra abundante cujo texto mais importante, publicado em 1911, se chama *A Ordem Económica Natural* ([30]).

([30]) *Die natürliche Wirtschaftsordnung durch Freiland und Freigeld* [*A ordem económica natural pela terra livre e o dinheiro livre*]. É de facto publicada em 1919, embora corresponda à compilação de duas obras antes publicadas separadamente:

A unidade dessa obra baseia-se na denúncia das rendas. A renda fundiária primeiro, cuja nocividade se lhe torna evidente pela leitura de uma outra personagem extravagante da reflexão económica, o americano Henry George. Para que a sociedade recupere a renda fundiária, Henry George defende o princípio da nacionalização da terra. Gesell adere a essa ideia e completa-a, propondo que se confie a sua gestão às mulheres; com efeito, a renda aumenta com a população; e são as mulheres que estão na origem do crescimento demográfico. Elas que tratem do problema...

A seguir vem a renda monetária. Para Gesell, a moeda sofre de uma dificuldade que é o entesouramento. A lei de Say, que postula que a oferta encontra sempre a procura necessária, assenta na ideia de que as empresas distribuem rendimentos, que permitem comprar a produção. Ora, uma parte dos rendimentos é entesourada, de forma que, para Gesell, a lei de Say está errada. E a falta de procura só pode aumentar. Com efeito, a baixa dos preços que se segue aumenta o poder de compra dos encaixes parados, incitando ao aumento do seu volume. É preciso, pois, favorecer a circulação de moeda, penalizando o entesouramento. Gesell advoga uma perda de valor das somas entesouradas de 0,1% por semana, isto é, 5,2% ao ano. É o princípio da «moeda desvalorizante» cuja concretização é a moeda «selada». Ele propõe que toda a gente passe regularmente pelos correios para selar as suas notas de banco, recebendo então cada nota um valor revisto em baixa consoante a duração da sua posse. No seu ódio ao rentista, o que Gesell espera da inflação é que ela instale a «eutanásia do rentista». Keynes apropriar-se-á da fórmula, atribuindo-se a autoria, e conferir-lhe-á um sucesso mundial.

Die Verwirklichung des Rechtes auf den vollen Arbeitsertrag (1906) e *Die neue Lehre vom Geld und Zins* (1911) *(N.T.)*.

Malefícios da inflação

Enquanto Gesell vai para a cadeia reflectir sobre as benfeitorias da inflação, a Alemanha cai no abismo. Em 1923, é arrastada pela hiperinflação. Esta começa em meados de 1922. Em Janeiro de 1923, os salários dos operários qualificados foram multiplicados por 500 em relação a 1913. Já o custo de vida foi multiplicado por 1100. Em Novembro do mesmo ano, os preços em Berlim duplicam a cada 50 horas.

O economista mais importante dos anos 20 é o americano Irving Fisher. Em 1927, debruça-se sobre as lições a tirar do que se passou na Alemanha. Pronuncia um discurso sobre as consequências da inflação, discurso que continua a servir de referência àqueles que se opõem à ideia de que a inflação pode permitir melhorar a situação económica. Fala de «esta espécie de roubo de carteirista aos bolsos de uns para vantagem de outros» pela inflação ([31]). Sublinha que a inflação perturba o crescimento normal da economia. Declara que «o efeito de um dólar instável é expandir a actividade económica indevidamente durante a inflação e contraí-la indevidamente durante a deflação. A actividade económica cambaleia quando o dólar cambaleia».

A conclusão do discurso é clara e precisa:

> «(...), justificado ou não, o descontentamento popular segue sempre no rasto da inflação ou deflação. Quando o nível dos preços aumenta rapidamente, os trabalhadores sentem-se justamente vitimizados, e os mais radicais deles passam a odiar a sociedade. À medida que a inflação prossegue, os operários aumentam continuamente a sua insatisfação e atribuem a sua má situação a um saque intencional produzido por um sistema social de "exploração".

([31]) *The Money Illusion*, publicado em 1928, é baseado num conjunto de conferências proferidas por Irving Fisher em 1927, na Escola de Estudos Internacionais de Genebra. Traduzimos, aqui e nas restantes citações, directamente do original, Adelphy Company Publishers, Nova Iorque, 1928 *(N.T.)*.

De um tal descontentamento, pois, vem o bolchevismo e outras teorias radicais».

Em suma: a inflação é um roubo; a inflação é uma forma de loucura; a inflação abre caminho ao bolchevismo. O perigo social da inflação, denunciado por Fisher quando alude ao bolchevismo, aparecera muito antes do drama alemão dos anos 20. Se se compara a inflação ao desemprego, ela tem de particular a circunstância de, sendo menos violenta do que este, não deixar, porém, de afectar toda a gente, ao passo que o desemprego, felizmente, penaliza apenas uma minoria da população.

Essa é a razão por que, historicamente, os povos se revoltaram mais contra a alta dos preços do que contra o desemprego. As revoltas populares foram comuns aos países europeus nos séculos XVIII e XIX, até que a produção agrícola assegurou o desaparecimento da escassez. Em França, nestes dois séculos os anos de aumento brutal dos preços do trigo foram 1709, 1729, 1740, 1768, 1775, 1788, 1812, 1829, 1847. Quem compare estas datas com os acontecimentos históricos chega sem dificuldade a Guerras das Farinhas e à saída forçada de Turgot, à Revolução, ao golpe de Estado de 18 de Brumário, às Três Gloriosas e à fuga de Carlos X, à revolução de 1848 e à «primavera dos povos» europeus. Ao publicar no início do século XVIII o primeiro tratado de polícia de sempre, Nicolas de la Mare, que foi de certa maneira um dos primeiros intendentes da polícia de Paris, escrevia: «A segurança pública nunca está tão exposta como no tempo em que falta pão, ou quando apenas dificilmente se consegue obtê-lo».

A observação permanece actual nos países onde as despesas com a alimentação representam ainda uma parte significativa dos orçamentos familiares. Foi assim que nas análises das revoltas vitoriosas de Tunes ou do Cairo, de 2011, ouvimos muitas vezes exprimir-se uma forma de surpresa relativamente à discordância entre o descontentamento popular e a afirmada boa saúde económica dos respectivos países. Haveria qualquer coisa de misterioso no desfasamento entre a cólera das ruas cairotas e a taxa de crescimento da economia egípcia, que foi de 5% em média anual nos anos 2000. De facto, para além das dimensões políticas dos levantamentos, essa apresentação esquece a inflação. O excesso de moeda posta a circular pelos Estados Unidos provocou um excesso de procura a nível planetário, que desembocou numa inflação mundializada. Esta, depois de alguns anos, alimentou bolhas, nomeadamente nas matérias-primas agrícolas. Foi essa inflação mundializada, nascida da política monetária expansionista dos EUA, que degenerou em revoltas populares e suscitou a primavera árabe de 2011.

Nociva, portanto, a inflação deve desaparecer. Como?

Acabar com a inflação: congelar os preços

Como a inflação é a alta de preços, a resposta que vem espontaneamente ao espírito é que, para a travar, é preciso boqueá-los. Foi assim que Diocleciano, em 301, face à escalada dos preços, concebeu o «Édito Máximo», que os congela. O resultado não se fez esperar: a penúria atinge Roma.

Importa reconhecer que este resultado é o que resulta muito naturalmente das políticas de congelamento dos preços. Uma das suas ilustrações é a Lei do Máximo Geral, votada durante a Revolução pela Convenção a 29 de Setembro. A lei prevê o controlo dos preços e salários. Impõe um preço máximo para os produtos de primeira necessidade, variável segundo os departamentos. Em média, o preço superior autorizado é um terço maior, a preços correntes de 1790. No que concerne aos salários, o máximo autorizado é metade acima do nível médio de 1790. É a primeira vez, na época moderna, que um governo intervém no mercado de forma global. Antes, o poder tinha de se contentar em fixar o preço deste ou daquele bem – o que de resto havia feito em 1793 para o preço do pão – pois não tinha meios para ir até ao controlo geral dos preços.

Essa primeira forma de economia administrada salda-se por uma impopularidade sem precedentes. Instantaneamente, esvaziam-se celeiros e lojas. Cada um compra o que pode enquanto é tempo, ao passo que os camponeses escondem as colheitas em vez de as venderem a preços esmagados.

Assiste-se a situações paradoxais. O maior empregador privado da região de Paris é o industrial têxtil Christophe Philippe Oberkampf. De origem alemã, é francês desde 1770 e associou-se com entusiasmo ao arranque da Revolução. Em 1790 faz a maior contribuição voluntária para a consolidação das finanças públicas. Em 1794, a sorte dos seus operários destroça-o e decide aumentar-lhes o salário para lá do máximo permitido: o poder jacobino – a extrema-esquerda da época – atira-o para a prisão. É ameaçado com a guilhotina por ter querido ajudar os seus empregados em necessidade! É salvo *in extremis* pelo 9 de Termidor e a queda de Robespierre. Essa queda é acompanhada, em particular, pelos gritos de denúncia do «máximo maldito».

Acabar com a inflação: endurecer a política monetária

De igual modo, a experiência das economias desenvolvidas depois da vaga de inflação dos anos 60-70 mostrou que a política monetária era eficaz para pôr termo à inflação. Em 1979, na Cimeira do G7 de Tóquio, decide-se romper com a inflação. Na sequência, as políticas monetárias endurecem, sendo a França o último país a seguir essa via em 1983. Mas que significa «endurecer a política monetária»?

Significa limitar o aumento inflacionista da quantidade de moeda em circulação (μ). Para se ver como isso é conseguido, é preciso voltar à natureza da criação monetária pelo crédito. Esse mecanismo é normalmente auto-regulador e quando não é o caso o banco central intervém para o rectificar.

O CARÁCTER AUTO-REGULADOR DO MECANISMO DE CRIAÇÃO MONETÁRIA

Tomemos um exemplo concreto para definir esse carácter auto-regulador. Suponhamos que o cliente de um banco A contrai um empréstimo de 100 euros para realizar um investimento. Vai gastar os 100 euros passando um cheque à ordem de um dos seus fornecedores. Este tem uma conta bancária e leva o cheque ao banco B. B recebe o cheque, credita a conta do seu cliente, depois dirige-se a A para lhe pedir que honre o cheque. B pode adoptar três atitudes possíveis:

– pedir a A que lhe abra uma conta à ordem e creditá-la em 100 euros (atitude rara, pois não traz nada a B);

– propor a A que espere pelo dia seguinte, para ver o que se passa, podendo um cheque de um cliente de B estar amanhã nas mãos de A. Isso corresponde a um empréstimo de B a A. Como qualquer empréstimo, este tem uma taxa, que é a taxa 24 horas (*overnight*). Essa taxa na zona euro chama-se EONIA (*Euro OverNight Index Average*). É a taxa à qual os bancos emprestam entre si por um dia. O lugar, desmaterializado, onde se negoceiam estes empréstimos é o mercado monetário;

– pedir a A moeda segura, reconhecida por toda a gente, quer dizer, moeda do banco central (para simplificar, digamos notas do banco central, aquelas que os particulares usam nas suas trocas diárias).

Se o banco A empresta muito, os seus cheques difundem-se abundantemente e ele é obrigado a negociar permanentemente com outros bancos. Estes vão então ter dúvidas sobre a pertinência dos seus empréstimos e vão exigir a A uma taxa 24 horas cada vez maior e cada vez mais moeda do banco central. O sistema é auto-regulador porque todo o banco está na mira dos seus concorrentes e é levado, por esse facto, a limitar-se na multiplicação dos empréstimos que concede.

A INTERVENÇÃO DO BANCO CENTRAL

O banco central hoje, o dos anos Wilson e do Tratado de Maastricht (ver Lição 1), tem uma dupla missão: desempenhar um papel de *prestamista de última instância* e uma função de financiamento último da economia; utilizar esse papel para conter a inflação.

Como já antes dissemos, um banco pode exigir a outro banco notas do banco central. Essas notas são procuradas porque o público tem o hábito de as utilizar e tem confiança nelas porque são protegidas por lei – é proibido em todos os países recusá-las como meio de pagamento. Essa interdição tem o nome de *privilégio de emissão*. Um banco central que não consegue fazer respeitar o seu privilégio de emissão, isto é, que verifica que no seu território de referência os comerciantes recusam as suas notas e preferem em geral dólares, tem, pelo facto da dolarização, o seu poder posto em causa de maneira fundamental. A sua prioridade é, então, desembaraçar-se dessa dolarização. Para obter notas do banco central, os bancos pedem-lhe emprestado a três meses, a uma taxa que se chama taxa de intervenção do banco central, ou ainda taxa de refinanciamento (abreviada por Refi). É essa taxa que é o fulcro da política monetária e objecto de todos os comentários sobre essa política. Além disso, os bancos entregam como garantia títulos financeiros, que representam o equivalente às notas que obtêm. Esses títulos financeiros são em geral títulos da dívida pública.

Os bancos comerciais criam moeda e são contidos nessa criação pelo aumento das taxas de juro. Se emprestam demasiado e de forma ineficaz, são levados a pedir emprestado maciçamente a outros bancos e ao banco central, a taxas de juro cada vez mais elevadas e portanto cada vez mais penalizadoras. Isso obriga-os a retroceder e a limitar o volume de empréstimos.

Inflação pela procura, inflação pelos custos

Ao aplicar a equação quantitativa da moeda, vê-se que se μ (a quantidade de moeda em circulação) permanecer estável, o mesmo acontecerá com p (nível geral dos preços). E para que μ permaneça estável é preciso limitar a distribuição de crédito pelos bancos. Na prática, podemos porém interrogar-nos sobre a origem dessa eficácia. Devemos em particular verificar que, sendo a inflação uma alta dos preços, para que ela se manifeste é necessário que a nível microeconómico as empresas decidam aumentar os seus preços. Ora, estas não estão de olhos postos na evolução de μ...

Temos o hábito de distinguir dois tipos de inflação:

– inflação pela procura, que corresponde ao facto de, ao aumentar μ, os recursos aumentam e as empresas vêem os seus mercados aumentar. Elas podem então ou aumentar a produção – graças aos investimentos que foram financiados pelo crédito que esteve na origem do aumento de μ – ou aumentar os preços. Face a essa inflação, a política monetária age na fonte, limitando os créditos;

– inflação pelos custos que, como o seu nome indica, se deve ao facto de as empresas repercutirem nos seus preços as subidas de custos, designadamente salariais. Como pode a política monetária responder a essa inflação pelos custos?

Ao utilizar a política monetária para restringir as condições de financiamento da economia, o banco central arrefece o crescimento, o que provoca desemprego. O desemprego faz aumentar a concorrência no mercado de trabalho, o que pressiona os salários. Nesse caso, a política monetária reduz a inflação ao preço de aumentar o desemprego.

Inflação pelos custos e curva de Phillips

A ideia de que a política monetária passa em certos casos pelo desemprego para reduzir a inflação alimentou um dos debates mais conhecidos da ciência económica, o debate respeitante à curva de Phillips. Não entraremos aqui nos detalhes desse debate, embora possamos resumi-lo.

No final dos anos 50, por meio de trabalhos puramente estatísticos, o economista neozelandês Alban Phillips e alguns economistas que analisaram esses trabalhos chegaram à conclusão de que há uma relação inversa entre a taxa de desemprego e a taxa de inflação. Matematicamente, isso significa, num gráfico, que o conjunto de pontos que têm como abcissa a taxa de desemprego e como ordenada a taxa de inflação podem ser esquematizados numa hipérbole. Esse resultado estatístico tornou-se um dos desafios das reflexões dos anos 70.

A análise da relação de causa-efeito entre inflação e desemprego evoluiu no tempo. Na primeira fase do keynesianismo, quer dizer, nos anos 50, *a inflação é considerada inexistente*, os economistas postulam que os preços são rígidos. O seu aparecimento em tempo de paz só pode corresponder a uma tomada de poder no seio da economia por um grupo social capaz de contrariar os mecanismos da concorrência (inflação pelos custos). Numa segunda fase, nos anos 60, a inflação é considerada um *meio de reduzir o desemprego conforme à lógica da curva de Phillips*. Numa terceira fase, o período da estagflação ([32]) dos anos 70 infirma esse postulado. Numa quarta fase, depois do G7 de Tóquio em 1979, nos anos 80, o desemprego torna-se uma das consequências indirectas da luta contra a inflação.

([32]) Neologismo contraindo os termos estagnação e inflação *(N.T.)*.

Curva de Phillips e política de rendimentos

A França forneceu o exemplo emblemático dessa decepção crescente em relação à arbitragem da curva de Phillips.

Junho de 1982: na rue de Rivoli ([33]), em Paris, prepara-se o rigor. A inflação, que agrava o défice comercial, tornou-se no maior problema económico do momento. Para a conter, confrontam-se duas escolas. De um lado, a escola da inflação pela procura. Do outro, a da inflação pelos custos. Os primeiros defendem o recurso a uma política monetária restritiva, quer dizer, o aumento severo das taxas de juro. Para os segundos, essa política é contraproducente, pois comprime a procura de forma brutal e indiferenciada. Resultado, se ela amputa as importações e favorece o retorno ao equilíbrio externo, também reduz os mercados das empresas nacionais e aumenta o desemprego. nestas condições, a boa política para lutar contra a inflação é a de contornar a curva de Phillips e conduzir uma política de rendimentos, assegurando uma evolução negociada dos salários.

Em Julho de 1982 o governo opta por uma forma imposta de política de rendimentos, através de uma lei que bloqueia preços e salários (Diocleciano está de volta...). Mas em Março de 1983 baralham-se as cartas e dá-se novo, e da «desinflação competitiva» para o «franco forte» é a política monetária que se impõe como meio para reduzir a inflação. Erro, sustenta pouco antes de morrer, em 1983, Sydney Weintraub, economista americano de esquerda, para quem não há inflação que não seja na forma de inflação pelos custos.

Para Weintraub, a inflação é consequência do confronto entre grupos sociais em torno da repartição do rendimento nacional. Substitui equação quantitativa da moeda que liga o aumento dos preços ao alargamento da massa monetária a uma outra, que associa os preços aos salários:

$$p = kw/A,$$

([33]) Sede do Ministério da Economia e Finanças *(N.T.)*.

em que *p* representa os preços, *w* os salários, *A* a produtividade e *k* uma constante própria de cada país.

Evita-se portanto a inflação negociando com os sindicatos uma evolução das remunerações e, portanto, do custo do trabalho em conformidade com a da produtividade. Quanto ao sucesso atribuído à política monetária, ele assenta num mecanismo malsão: uma restrição monetária que provoca falências de empresas e desemprego, o que enfraquece a determinação reivindicativa dos assalariados. No seu livro *Capitalism's Inflation and Unemployment Crises*, publicado em 1978, Weintraub dá como modelo a política alemã dos anos 70, caracterizada por uma política de rendimentos activa confortada por um banco central independente. A independência do banco central é útil, pois incita os parceiros sociais a entenderem-se. Sabem que qualquer fracasso da política de rendimentos será punido por uma política monetária restritiva e, portanto, com desemprego.

Qual é, pois, a pertinência da curva de Phillips? Se quisermos resumir as relações causais, podemos considerar hoje que na arbitragem da curva de Phillips o que continua aceitável são as seguintes relações:

Mais inflação significa menos desemprego: não.
Menos inflação significa mais desemprego: não, mas.
Menos desemprego significa mais inflação: sim, mas.
Mais desemprego significa menos inflação: sim.

Quer dizer que o desemprego reduz a inflação, mas não o inverso.

Inflação de direita, inflação de esquerda

Reencontremo-nos agora em 1974. O professor Raymond Barre, que acaba de deixar a Comissão Europeia, comenta a actualidade. Dois problemas atraem a sua atenção. Trata-

-se da quadruplicação do preço do petróleo e da negociação monetária internacional após a decisão de Nixon, em 1971, de suspender a convertibilidade do dólar. A audácia de Raymond Barre foi então a de ligar as duas questões. Ele anuncia, com efeito, que se deixarmos o mercado fixar livremente a cotação do ouro, haverá uma relação fixa entre o preço da onça e o do barril de petróleo. Para Barre, a onça de ouro custará tendencialmente o equivalente a dez barris. Acusado por alguns dos seus interlocutores de ter uma fixação completamente gaullista no ouro, ele pede-lhes apenas para esperarem dez anos. E de facto, quando em Harvard ele fala sobre o assunto, em 1981, o que alguns começam a chamar a lei de Raymond Barre, quer dizer, a evolução paralela das cotações do ouro e do petróleo, verificou-se genericamente. E ele explica porquê: a constância do rácio entre as duas cotações traduz simplesmente o facto de que, se tivéssemos conservado o ouro como moeda, o preço do petróleo não teria aumentado.

Se quisermos exprimir por outras palavras a mesma ideia, a posição de Barre é a de que a inflação não se deve a uma alta das cotações das matérias-primas, mas sim que a alta das cotações das matérias-primas se deve à inflação. Mesmo tendo-se mostrado bastante severo com o sistematismo dos monetaristas, Barre sancionou, com a sua «lei», uma visão da inflação próxima da deles. Para voltarmos à nossa distinção entre os tipos de inflação, para Barre, no fim de contas, não interessa que nos interroguemos sobre a natureza da inflação e sobre a arbitragem da curva de Phillips: não há inflação pelos custos – neste caso, o custo do petróleo – mas simplesmente inflação pela procura. E uma boa política monetária conduzida consistentemente ao longo do tempo evita a necessidade de nos pormos a questão da relação desemprego/custo do trabalho/inflação.

Nesse debate sobre a natureza da inflação, as opiniões apresentaram-se muitas vezes sob o signo da política: a direita – Raymond Barre, os monetaristas – sustentaria por princípio a inflação pela procura e a esquerda – Sydney Weintraub, os keynesianos – a inflação pelos custos. Assim, a esquerda, designadamente a escandinava, é favorável a uma política de rendimentos; e a esquerda estaria mais inclinada a controlar os preços. Porém, durante a Revolução, alguém havia denunciado os perigos do «máximo» antes de este ter contribuído para a morte de Robespierre e a eliminação dos Montanheses ([34]). Quem o fazia declarava que os preços aumentavam por causa da multiplicação dos *assignats* ([35]). De quem se trata? De Jean-Paul Marat, o revolucionário extremista. Quando na Primavera de 1973 se começa a falar de estancar preços e salários, ele anuncia que se oporá à medida na Convenção, pois a medida provocará a penúria. Para ele, a boa solução para travar a inflação é pôr termo à emissão de papel-moeda: Marat era monetarista! Ou tinha bom senso...

Podemos, porém, questionar-nos sobre a eficácia da política monetária quando a inflação chega aos níveis que atingiu em 1793. É verdade que as suas origens eram extra-económicas e prendiam-se com os excessos políticos da época.

Inflação patológica, inflação de guerra

Em 1793 a França está em guerra. Ora, a teoria económica considera apenas situações de paz. Se é verdade que a linguagem utilizada pelos comentadores para descrever a concorrência é muitas vezes de cunho militar, a guerra não deixa de ser uma espécie de não-dito dos economistas. As coisas militares são vividas ou como fenómenos efémeros – é por isso que em contabilidade nacional os equipamentos, mesmo os pesados,

---

([34]) *Montagnards* eram o grupo político mais à esquerda, que tinha assento nos lugares mais elevados da Assembleia Legislativa de 1791 ao passo que os mais moderados eram da planície, *Plaine*, ou *Marais*. Entre eles, Danton, Marat e Robespierre *(N.T.).*

([35]) Título do Tesouro que é convertido em moeda fiduciária em 1791 *(N.T.).*

do Exército, do tipo aviões ou barcos, não são contabilizados como investimento pelo facto de terem a vocação de uma rápida destruição – ou como de tal modo destruidores que a teoria não pode levá-los em conta.

Se procurarmos a consequência económica mais clara da guerra, além das destruições e do drama humano que a acompanham, encontramos a inflação. Outrora, no tempo da moeda metálica, essa inflação correspondia a um desfasamento entre uma quantidade de moeda em circulação mantida fixa e uma produção brutalmente reduzida pelas destruições e razias da guerra. Depois da desmaterialização progressiva da moeda, essa inflação deve-se essencialmente à monetização das dívidas públicas resultantes do financiamento das operações militares. Há então inflação porque os bancos são obrigados a emprestar aos Estados, o que acresce a quantidade de moeda, enquanto os Estados se entregam, não à criação de riqueza, mas à sua destruição...

Pode evidentemente tomar-se como exemplo a situação da Europa Central, tanto depois do primeiro como do segundo conflito mundial. Até mais ampla análise, é a Hungria de 1945 que detém o recorde sinistro do país com a mais alta taxa de inflação toda a história. E isso em resultado do seu envolvimento nas duas guerras. Em Dezembro de 1945, em Budapeste, os preços duplicam de 15 em 15 horas. Essa inflação atinge níveis tais que as classes médias são devastadas e viram-se para movimentos extremistas. Os nazis são um exemplo, ainda que o seu sucesso final tenha sido construído sobre o desemprego; na Hungria de 1946, o regime estalinista de Rakosi justificou a sua violência pela necessidade de se desembaraçar dos açambarcadores, na origem da inflação.

A inflação de guerra não afecta apenas os vencidos. Os vencedores da Primeira Guerra Mundial tiveram de desvalorizar a sua moeda em relação ao ouro tal como os vencidos. E a Alemanha de 1872 justificou o seu regresso ao proteccionismo pela sua perda de competitividade devido à inflação. Ora, essa inflação estava ligada à injecção de cinco mil milhões de francos-ouro pagos pela França vencida. Quanto a Napoleão, no *Memorial de Sainte-Hélène* ([36]) tenta consolar-se com a ideia de que a Inglaterra, inundada de dívidas nascidas no conflito contra ele, teria duas escolhas: fazer o povo britânico pagá--las e provocar o ressentimento e a agitação social; fazer os franceses pagá-las e aumentar a sua massa monetária, com a consequência do aparecimento de uma inflação penalizadora para as suas exportações.

... e hiperinflação de paz!

A hiperinflação nem sempre se deve à guerra. A América Latina dos anos 70 ou a Europa pós-comunista passaram por crises de inflação de proporções trágicas. O Zimbabué é o país que conheceu até hoje a mais forte inflação em tempo de paz. Setembro de 2008: o mundo concentra a sua atenção na falência do Lehman Brothers. Porém, no mesmo momento, um outro acontecimento monetário e financeiro marcante tem lugar: o serviço estatístico do Reserve Bank of Zimbabwe (RBZ), o banco central do país, renuncia oficialmente a seguir a evolução dos preços. Estes com efeito duplicam de 24 em 24 horas, estabelecendo um recorde em tempo de paz. Gideon Gono, o governador do RBZ, reconhece-o: para avaliar a situação seria necessário calcular uma taxa de inflação horária e os estatísticos locais são incapazes.

Apesar da falta de estatísticas quotidianas, Gideon Gono está consciente da realidade. Porém, especialista em economia do desenvolvimento, retirou do seu percurso universitário a convicção de que o objectivo da política monetária é favorecer o crescimento pela expansão do crédito e não preocupar-se com

---

([36]) Narrativa de Emmanuel de Las Cases recolhendo memórias de Napoleão Bonaparte.

a inflação, que ele considera uma consequência inevitável do arranque da economia. Teoriza a sua prática monetária numa entrevista de 2007 à revista pan-africana *New African*. Para ele, as dificuldades do seu país devem-se à hostilidade dos países ocidentais, à seca que se abate de dez em dez anos sobre um Zimbabué ainda muito agrícola e ao ciclo económico habitual. Dá nessa ocasião uma visão original do ciclo. Cristão convicto, que chama a cada um dos seus interlocutores «meu irmão» e invoca regularmente o «Senhor», sublinha que na Bíblia se indica que a economia conhece sucessões de sete anos fastos e sete anos de regressão. E o seu papel de banqueiro central é o de amortecer os sete anos difíceis.

Munido da convicção nestes princípios, levou o RBZ a multiplicar o crédito. Não tanto ao Estado, que, desorganizado e pouco activo, é pouco deficitário (3% do PIB em média), mas à actividade privada, substituindo-se assim ao sistema bancário e à política orçamental. Em 2003, 9% dos activos do RBZ são divisas e 20% empréstimos duvidosos. Em 2008, o RBZ já não tem praticamente mais divisas. Aprovisiona-se, como a maioria dos zimbabueanos, no mercado negro. Em contrapartida, cerca de 90% dos seus activos são empréstimos a entidades insolventes, como empresas públicas que agonizam, ou direitos difusos sobre resultados económicos incertos, como a colheita de tabaco. O crédito desenfreado a uma economia que não produz – a taxa de desemprego atinge os 80% – mantém a hiperinflação. Falta tudo, mesmo... a moeda que, recusada um pouco por todo o lado, se acumula ao acaso das dúvidas da população. Em Setembro de 2008, Gideon Gono apresenta um plano de recuperação: criação de um novo dólar zimbabueano, congelamento dos preços e salários, política monetária restritiva com uma taxa 24 horas de 8500%. Regresso a medidas clássicas... e resultado garantido: desde aí o Zimbábue conseguiu conter a sua inflação.

Conclusão

Fenómeno geológico, dizia Ricardo ao falar da inflação. Fenómeno patológico, diríamos nós. Introduzida brutalmente na vida dos povos pelas guerras do século XX, foi teorizada por alguns como uma bênção. É a eutanásia dos rentistas, elimina as dívidas, leva à acção. Pois bem, acontece que ela pode escapar ao controlo daqueles que a desencadeiam. Fisher disse-o: é um roubo; alguns falam do imposto da inflação. A Karl Otto Pöhl, que esteve à frente do Bundesbank entre 1980 e 1991, atribui-se a metáfora do dentífrico: a inflação é como a pasta de dentes; é fácil fazer saí-la do tubo, mas muito difícil voltar a pô-la lá... De forma menos imaginosa e mais económica, os economistas da Escola dita da Nova Macroeconomia Clássica, de vento em popa nos EUA, afirmam que a inflação de hoje é o desemprego de amanhã. Ao deixar correr a inflação nos anos 70 para tentar conter a alta do desemprego, os países ocidentais criaram o desemprego dos anos 80.

Porém, é grande a tentação de deixar correr a inflação num mundo inundado de dívidas. O século XIX ignorou a inflação, talvez porque ela lhe lembrasse demasiado bem os *assignats* franceses e os delírios do Terror. O século XX gerou dívidas e inflação por causa das guerras. Deixa ao século XXI dívidas e o desejo de inflação em tempo de paz. A menos que em Washington, capital do Império, se volte a encontrar a aspiração a ser Constantino e a criar um novo *solidus*...

Bibliografia

Peter L. Bernstein, *Le Pouvoir de l'or: histoire d'une obsession*, Éditions Mazarine, 2007.
François Couzet, *La Grande Inflation*, Fayard, 1993.
Niall Ferguson, *L'Irresistible ascension de l'argent* (*The ascent of money*), Perrin, «Tempus», 2011.

John Kenneth Galbraith, *L'argent* (*Money: Whence It Came, Where It Went*), Gallimard, «Folio», 1994.

Nicolas Oresme, *Traité des monnaies*, La manufacture, 1989.

LIÇÃO 6

SALVAR A BANCA, NÃO OS BANQUEIROS!

Não se pode deixar a moeda sem passar pela casa da «finança». Visto a etimologia da palavra «finança», poder-se-ia ver aí um sector da actividade económica relativamente sereno. Finança significa chegar ao fim e há finança quando os compromissos assumidos tomados por uns e por outros são honrados. Na prática, a definição de finança por relação à economia assenta na introdução do tempo. A finança é tomada em conta do tempo pelos agentes económicos. E quem diz tempo, diz risco e incerteza. A gestão do tempo do economista assenta na moeda, pois a moeda é crédito, quer dizer, tempo concedido a empresários.

Se a palavra finança é normalmente neutra, há uma palavra que lhe está associada que é mais violenta. Trata-se de «Krach». *Krach*, de origem alemã, significa barulho, tumulto e, de forma metafórica, catástrofe [*crash*]. O termo aparece em 1873 na crise financeira que abala a Europa. Se se recorre a uma palavra alemã é porque, além de a sua pronúncia «estalar» suficientemente para evocar dramas, essa crise começa em Viena.

1873 é uma data privilegiada na série das que retivemos para caracterizar a deriva da finança. O último avatar mundializado da sequência de crises imputadas à finança é a crise dita do *subprime*. Se virmos bem, ninguém sabe ainda verdadeiramente o que é esse *subprime*, mas reteve-se o sentimento de ter a ver com qualquer coisa de maléfico criado por matemáticos enlouquecidos. Em suma, o símbolo eterno da finança é uma mistura de irresponsabilidade e cupidez sem limite.

Como explicar, com efeito, que um choque, em 2007, numa parte bastante reduzida do mercado hipotecário norte-americano se tenha transformado em poucas semanas numa crise financeira maior, que afectou o mercado internacional de crédito, de acções e das taxas de juro? O mercado do *subprime* não representava no Verão de 2007 mais do que 12% do mercado hipotecário dos EUA, isto é 1,2 biliões de dólares. Destes 1,2 biliões de dólares, um incumprimento a 20% dos empréstimos, associado a uma taxa de recuperação de 60% (em caso de não reembolso do empréstimo, os bancos recuperam as casas hipotecadas e revendem-nas), deveria implicar uma perda de 96 mil milhões. Esse número correspondia ao das provisões anunciadas para o conjunto dos bancos para o ano de 2008 (um pouco mais de 120 mil milhões). Uma tal perda era pois gerível e relativamente anódina à escala mundial (uma variação de 1% no índice Dow Jones, cuja capitalização bolsista era em 2007 de 20 000 biliões de dólares, representa 200 mil milhões de dólares...). Que se passou para que tudo degenerasse?

Assistimos na realidade a um encadeamento que conduziu a uma revisão em baixa, em cascata, da apreciação dos agentes económicos do valor do seu património, revisão alimentada por descobertas aterradas e revelações sinistras, mas também de rumores, humores, publicação de indicadores económicos interpretados negativamente, avaliações aproximativas da realidade, designadamente pelas agências de notação de risco...

Esses movimentos de dúvida e pânico são novos? É legítimo apontar o dedo a Reagan, Thatcher e à liberalização financeira, acusação organizada em torno da denúncia repetitiva do neoliberalismo, para explicar os sobressaltos que o mundo atravessa desde 2007?

Essa acusação é de facto muito frequentemente um processo de caça às bruxas, pois, desconhecido e incompreensível, o mundo da finança suscita uma série de fantasmas. Estes últimos são alimentados pelo papel crescente nele desempenhado pelos matemáticos, designadamente franceses. Denuncia-se regularmente o esbanjamento das elites saídas das grandes escolas de engenheiros, como a Politécnica ou a Central, que fornecem aos mercados sujos especialistas em modelos econométricos hipercomplexos. Mas a finança foi sempre cálculo e os seus laços com a matemática são antigos.

Matemática financeira

Se virmos bem, a combinação entre a matemática e a cupidez financeira é muito antiga. Assim, a crer em Aristóteles, o primeiro especulador conhecido é o grego Tales de Mileto. Ora, acontece que é também o primeiro matemático reconhecido da história. Tales era geógrafo, matemático e filósofo. Viveu no século VII a.C. O seu célebre teorema sobre as paralelas, que está na origem da trigonometria, é o primeiro teorema a ter sido enunciado. Como geógrafo, segue regularmente a evolução da produção das oliveiras na região que circunda Mileto e calcula a quantidade de azeite que poderá ser extraída. Num ano, ele antecipa uma colheita extremamente abundante. Em antecipação, arrenda a baixo preço todos lagares da cidade. A colheita é efectivamente excepcional, de tal modo que a procura de lagares dispara. Tales pode então subarrendar e realizar um lucro enorme. Tendo feito fortuna, Tales, que é um dos filósofos pré-socráticos de referência – pertence ao grupo dos chamados Sete Sábios –, justifica-se declarando que a sua intenção não foi enriquecer nem espoliar quem quer que seja, mas simplesmente a de provar àqueles que o lamentavam com certo desprezo por ser pobre que é fácil enriquecer quando se quer.

Especulação e monetização da dívida pública

Outro matemático ilustre que se tornou especulador foi Isaac Newton. Menos afortunado e menos avisado que Tales, perdeu bastante dinheiro em 1720, depois do estoiro da Companhia dos Mares do Sul. Trata-se de um dos assuntos mais emblemáticos da finança.

A companhia dos Mares do Sul foi criada em 1711 por Robert Haley, que desempenha funções que poderíamos equiparar às de primeiro-ministro. O objectivo da operação é reduzir a dívida pública. O Banco de Inglaterra, criado em 1694, existe para assegurar a tesouraria do Estado e a liquidez da dívida pública. Trata-se, na fase seguinte, de ir mais longe e reduzi-la. Para isso, Haley propõe a troca de títulos da dívida por acções da nova companhia. Esta terá lucros, pois terá o monopólio do comércio com a Espanha e as suas colónias.

Em 1711, a Espanha está em guerra com a França. Motivo do conflito: precisamente o futuro da Espanha através da escolha do seu rei. O candidato da França é Filipe de Anjou, neto de Luís XIV, e o da Inglaterra é Carlos de Habsburgo. A paz assinada em Utrecht em 1713 confirma a designação de Filipe de Anjou, mas em condições tais que a Inglaterra pode esperar tornar-se um parceiro comercial privilegiado do império espanhol.

As acções da companhia sobem e, com toda a gente a querer desfazer-se da sua dívida pública para comprar acções da companhia, a máquina dispara. Em 1719, dos 50 milhões de libras dessa dívida pública inglesa, 12 estão nas mãos da companhia, que emitiu o equivalente na forma de acções. Em 1720, a especulação atinge o auge em Inglaterra. Todos aqueles que têm um pouco que seja de dívida vendem-na e precipitam-se para comprar acções, não apenas da Companhia dos Mares do Sul, mas todo um conjunto de sociedades que aparecem rapidamente, sem que se preste verdadeiramente atenção à natureza dessas sociedades. Uma das sociedades cujas acções sobem mais rapidamente é uma sociedade que se define como «destinada a promover um empreendimento extremamente vantajoso mas que deve permanecer ignorado de todos». Evidentemente, por trás desta bizarria dissimula-se uma banal vigarice. Entre os compradores entusiastas está Newton.

Em 1720, inquietas com a proliferação de sociedades no mínimo suspeitas, as autoridades britânicas fazem adotar pelo Parlamento uma lei – a Bubble Act (Lei da Bolha) – que exige que qualquer sociedade que apele à poupança do público tenha recebido previamente autorização real. Essa lei marca uma viragem na vida financeira e dá origem ao costume de se falar de «bolha» (*bubble*, em inglês) quando se fala de aumentos súbitos nas cotações. Em Agosto de 1720, a cotação da acção da Companhia dos Mares do Sul atinge 1000 libras. É o pico. A Bubble Act já levou alguns a vender as acções das sociedades mais estranhas. Começa simultaneamente a circular uma informação em Londres: afinal de contas, a Espanha só autoriza a entrada de um navio inglês por ano nos seus portos... Tudo desaba e a cotação cai para 150 libras. Arruinado, Newton declara, amargo e desiludido: «Posso calcular o movimento dos corpos celestes, mas não a loucura dos homens».

Em Dezembro de 1720, é em Paris que a finança se distingue: John Law foge para Veneza. Essa personagem mítica realizou em França o mesmo tipo de operação, de troca de dívida pública por acções de uma sociedade comercial do Estado.

John Law nasceu em 1671, em Edimburgo. Depois de uma vida aventurosa e um duelo fatal que o levou a exilar-se em França, propõe ao Regente que sucedeu a Luís XIV, em 1715, à frente do Estado, um sistema de redução da dívida pública decalcado do que está em aplicação no Reino Unido. Em 1716, cria um banco geral, que emite papel-moeda em troca de ouro. Restaura em 1717 a Companhia do Mississipi, sociedade fundada em 1684 para o comércio com a Louisiana, e propõe a troca de títulos da dívida pública por acções dessa companhia. Em 1720, o banco e a companhia fundem-se. Entretanto,

...boulevard de Sebastopol; uma literatura cujo texto mais célebre será *Le Bossu* (*O Corcunda*), romance escrito por Paul Féval; e uma aversão real dos franceses do século XVIII ao papel-moeda, aversão que lhes será confirmada pela gestão dos *assignats* durante a Revolução.

No plano político, estas experiências vão fazer nascer o sentimento de que é preciso desconfiar da finança e que esta utiliza a dívida pública para orientar a acção pública e designadamente para abater os governos que lhe são pouco favoráveis, isto é, tradicionalmente os governos de esquerda. A relação da finança com a esquerda é paradoxal, no sentido em que a esquerda começa por anunciar que vai tomar medidas radicais para pôr em xeque o mundo financeiro. É assim que, recordando as malversações do período de John Law, a Convenção «montanhesa» proíbe em Abril de 1794 o exercício da actividade bancária («as companhias de finanças são proibidas no território da República»). A partir daí a esquerda estigmatiza a guerra que lhe teria sido declarada pela finança, antes de acabar por se confessar derrotada. Essa derrota dever-se-ia ao que se chama a «barreira do dinheiro», expressão inventada por Édouard Herriot, líder da esquerda nos anos 20.

A esquerda e a barreira do dinheiro

Ao longo do século XX, a esquerda esteve mais tempo no poder do que a memória colectiva tende a admitir. Esquecemo-nos muitas vezes da onda radical de 1906 ou da vitória da Frente

Republicana de 1956. Três datas simbolizam a subida da esquerda ao poder no século XX: 1924, com a vitória do Cartel das esquerdas, 1936, com a Frente Popular, e 1981, com a eleição de François Mitterrand para a Presidência da República.

Ora, estes três acontecimentos foram marcados pela desconfiança no mundo financeiro. Essa desconfiança pode explicar-se pela reticência natural dos meios financeiros em relação a movimentos políticos que se declaram ruidosamente seus inimigos, mas também por dúvidas nascidas de uma certa aproximação nos programas. Além disso, eleita após um período de austeridade e de deflação/desinflação, a esquerda tergiversou, sem conseguir conceber uma alternativa política real para finalmente deixar o poder, ou manter-se fazendo a política dos seus antecessores. Esse resultado, que deixou nos militantes um certo azedume, convenceu os dirigentes de que eram vítimas de inimigos desleais, animados por uma mistura de egoísmo e desprezo social relativamente aos mais desfavorecidos. A partir de 1924, esses inimigos foram estigmatizados com a designação de «barreira do dinheiro», de Édouard Herriot, o líder do Cartel.

1924 é, portanto, o ano da primeira experiência de esquerda que enfrenta essa «barreira». O governo cessante é dirigido desde 1922 por Raymond Poincaré. Em Junho de 1923, os radicais que constituem a sua ala esquerda rompem com Poincaré para se aliarem com os socialistas de Léon Blum. Essa aliança – chamada Cartel das esquerdas – obtém a vitória numa situação delicada. A guerra mundial aumentou consideravelmente a dívida pública: de 33 mil milhões de francos em 1913 passa a 340 em 1924, dos quais dois terços são devidos ao Reino Unido e aos Estados Unidos. Quanto aos pagamentos alemães previstos pelo Tratado de Versalhes, quase não chegam. Em 1923, para um orçamento de 38 mil milhões, o défice é de 27 mil milhões, 10 dos quais em juros.

O programa de Herriot prevê duas medidas: a criação de um imposto sobre o capital e a negociação com o Banco de França para o aumento do tecto de dívida pública que este pode deter.

Combina isso com a afirmação da recusa de qualquer desvalorização. A negociação com o Banco de França torna-se uma comédia. Ao princípio, o Banco armazena bilhetes do Tesouro em camiões guardados no pátio, evitando desse modo registá-los imediatamente nas suas contas. A situação externa do franco torna-se rapidamente insustentável, levando Herriot à demissão em Abril de 1925; em 1926, forma-se nova coligação em torno de Poincaré. Este desvaloriza, reduzindo o valor do franco em ouro a um quinto do de 1913. Para Herriot, desvalorizar teria dado razão ao *Temps*, o jornal de referência da época, que dez dias depois da sua tomada de posse qualificava a nova maioria de despesista e de ameaçar o crédito da França.

O presidente da Comissão de Finanças sob o Cartel é o socialista Vincent Auriol. Em 1925, falando do Banco de França, exclama: «a banca, fecho-a, os banqueiros, prendo-os» («la banque, je la ferme, les banquiers, je les enferme...»). Se desmentiu depois tais palavras, renova-as em Junho de 1936, a propósito dos bolsistas. Desta vez é ministro das Finanças da Frente Popular e tem a intenção firme de reformar o Banco de França. Para a esquerda da época, trata-se de quebrar o poder das «200 famílias», isto é, dos primeiros 200 accionistas do Banco. Mas enquanto em Maio de 1936 se desenvolve um movimento grevista impressionante, os capitais fogem do país. Nos meses de Maio e Junho de 1936, parte para o estrangeiro o equivalente a 3% do PIB. A palavra de ordem da Frente Popular continua a ser nem deflação nem desvalorização. Para relançar a economia, aumenta o défice orçamental para 7% do PIB. A pressão sobre o franco acentua-se e em Agosto de 1936 é instaurado um controlo de câmbios, que só desaparecerá em 1986. Por fim, o franco é desvalorizado em cerca de 30% no Outono. Quanto ao Banco de França, a sua administração é reorganizada, mas sem que seja nacionalizado.

Também não haveria desvalorização em Maio de 1981! Só ocorrerá igualmente no Outono. O governo de Mauroy que se instala depois de 10 de Maio encontra um orçamento em ligeiro défice e finanças públicas globalmente equilibradas. No final de 1980, a dívida pública representa 15% do PIB e os encargos com juros 1%. A fraqueza da economia está na inflação (cerca de 14% em 1981) e o défice externo (1,5% do PIB). A partir do momento em que a hipótese de eleição de François Mitterrand se torna credível, surgem tensões no mercado cambial. Em seis meses, partem 2% do PIB. As taxas de juro esticam-se: a «dez anos» ([37]) passa de 13,4% em finais de 1980 para 17,5% em Junho de 1981. O governo tem mais armas do que em 1924 ou 1936: o Banco de França e os principais bancos estão nacionalizados desde 1945. E o governo procede a novas nacionalizações no sector financeiro. Mas em Outubro tem lugar uma primeira desvalorização e em Março de 1981 o marco alemão, que valia 2,30 francos em 1923, vale agora 2,90 francos.

A «barreira do dinheiro» era a expressão imaginosa que o ex-aluno da Escola Normal Superior, Herriot, usava para caracterizar a oposição dos meios financeiros às políticas de esquerda. Na prática, os governos que consideravam que essa barreira se erguia contra eles julgaram poder mostrar a sua força e ganhar confiança recusando a desvalorização. Acabaram a ceder e, ao aumentarem os preços das importações, retiraram poder de compra anteriormente concedido por aumentos de salários.

A barreira do dinheiro parece ter atingido outros países e assistimos depois dos anos 80 a uma denúncia sistemática do comportamento dos bancos face aos países emergentes.

As crises dos países emergentes

Depois da instauração dos câmbios flutuantes em 1973, o mundo corre atrás da estabilidade monetária. Esta supõe o respeito pelas regras do chamado triângulo de incompatibilidades de Mundell. Segundo o esquema estabelecido pelo economista

---

([37]) Obrigação do Tesouro com essa maturidade *(N.T.)*.

canadiano Robert Mundell, um país não pode dispor simultaneamente de liberdade de circulação de capitais, de autonomia da sua política económica, e muito em particular da sua política monetária, e de uma taxa de câmbio fixa em relação a uma divisa escolhida, neste caso o dólar americano ([38]). Ter os três traria a vantagem da credibilidade dos câmbios fixos e da liberdade de circulação de capitais, que atrairia investimentos estrangeiros e proporcionaria alguma flexibilidade da política económica, permitindo alisar os ciclos conjunturais. Mas é impossível.

As crises dos países emergentes nasceram da sua tentativa vã de contornar as regras de Mundell. Acreditaram que poderiam manter um câmbio fixo, conservando uma política económica autónoma. Com essa autonomia, procuravam a possibilidade de ampliar o crescimento económico pelo desenvolvimento do crédito para financiar tanto investimentos privados como o défice do sector público. Ora, contabilisticamente, um nível de investimentos privados superior às capacidades de poupança ou um défice público produzem um défice externo que tem de ser financiado com dólares emprestados ([39]). Instala-se um círculo em que o crédito interno conduz ao endividamento externo. A crise desencadeia-se quando o círculo inquieta os operadores financeiros. Quando a finança, subitamente inquietada, acorda, assiste-se a uma rápida fuga de capitais, a que se segue um colapso da taxa de câmbio.

Dois casos ilustram este encadeamento: o da Tailândia em 1997, em que o défice externo provinha de um sobreinvestimento privado, e o da Rússia, onde o desequilíbrio se deveu à situação orçamental.

---

[38] Entre três objectivos: a) liberdade de circulação de capitais; b) câmbio fixo; c) autonomia da política monetária – a escolha de quaisquer dois implica a renúncia ao terceiro. A escolha de a) e b) determina uma taxa de juro paritária com a da moeda-âncora, salvo a eventual fuga de capitais; b) e c) implicam restrições à sua circulação; a) e c) determinam câmbios flutuantes (N.T.).

[39] É evidentemente necessário recorrer à equação $(S - I) + (T - G) = X - M$ de que já falámos.

Até 1996, a Tailândia era uma referência económica. Tinha tido nos dez anos anteriores uma taxa de crescimento média de 9% – taxa que invejamos hoje à China –, o seu orçamento era excedentário, os investimentos estavam em plena expansão. A ponto de a poupança interna não acompanhar. Assim, o défice externo vai aumentar (8% do PIB em 1996). Como o défice tem origem na esfera privada, são os bancos tailandeses que asseguram o financiamento, endividando-se em dólares.

Inicialmente isso não coloca problemas. Os investidores estão confiantes pela indexação do baht, a moeda local, ao dólar. Na Primavera de 1997 instala-se a dúvida. A maturidade dos novos empréstimos encurta-se, as taxas oferecidas sobem. Em Junho de 1997, amortizações pesadas a fazer e declarações desajeitadas do ministro das Finanças desestabilizam a situação. Residentes e não residentes que têm bahts põem-se a vendê-los. Procurando antecipar-se à tempestade monetária, na prática provocam-na. A resistência do banco central, cujas reservas ascendem a 25 mil milhões de dólares, não dura muito... A 2 de Julho, está por um fio. Só duas instituições podem fornecer os dólares que faltam: a Reserva Federal norte-americana e o FMI. É verdade que o Japão, por solidariedade asiática, se oferece para ajudar. Em Banguecoque, onde se desespera com a passividade americana, desconfia-se do Japão. Resta o FMI, que vem em missão de salvamento, em 27 de Julho. O baht perdeu metade do seu valor, a bolsa caiu 60%. Uma vez no terreno, o FMI impõe uma «política de ajustamento estrutural». O princípio é simples: aumentando os impostos e baixando a despesa pública, diminui-se a procura interna, o que reconduz o país ao equilíbrio externo ([40]). Desse modo, adapta-se a política económica à prioridade da estabilização cambial, relegando para segundo plano, nas escolhas impostas pelas incompatibilidades de Mundell, o objectivo interno do crescimento.

([40]) Mais uma vez e sempre $(S - I) + (T - G) = X - M$...!

Na mesma época, a Rússia conhece uma crise igualmente ligada ao défice externo, mas no seu caso o défice tem origem na situação orçamental. As finanças públicas russas estão com um défice a rondar os 7% do PIB. É coberto quase exclusivamente com emissões de títulos no estrangeiro. Na Primavera de 1998, os juros pagos pelo Estado representam metade do orçamento. As taxas esticam-se, o défice externo alarga-se. O banco central detém 15 mil milhões de dólares, quando a Rússia deve pagar 20 mil milhões antes do Verão. Onde ir buscá-los? Aos EUA? Estes remetem o caso para o FMI. À Europa? A Alemanha aceita fazer um esforço, mas Rússia prefere evitá-la. Resta pois o FMI...

Em complemento destes dois exemplos, podemos recorrer ao caso particular da Argentina em 2001, que se transformou numa referência corrente. O país decide no início dos anos 90 voltar às regras do padrão-ouro, adoptando o padrão-dólar: é o *currency board*, prática que requer que só se ponha moeda fiduciária em circulação no montante dos dólares detidos pelo banco central. Em teoria, um défice externo, ao secar as reservas de dólares, reduz as disponibilidades monetárias e impõe ao país ganhos de competitividade pela baixa dos preços. Na prática, o Estado argentino contornou o *currency board* ignorando o seu banco central e endividando-se para obter os dólares necessários nos mercados internacionais. Em 2001, a sucessão fatal desencadeia-se... compara-se frequentemente o caso da Grécia ao da Argentina. Mas em 2001 a dívida pública deste país representava 50% do seu PIB e as suas contas públicas estavam praticamente em equilíbrio. Salvo que o Estado argentino estava endividado em dólares; ora, o dólar não é a divisa da Argentina. O banco central estava impossibilitado de os fornecer e foi assim que o drama se deu. Na Grécia, a dívida pública que está na origem da crise é uma dívida em euros, quer dizer, na moeda grega. O banco central grego deveria poder fornecer os euros de que o Estado grego tem necessidade, salvo que o banco central grego de última instância não é exclusivamente grego...

As crises de 1997-1998 deram lugar a um artigo célebre publicado em Outubro de 1998 no jornal *Le Figaro*, por Maurice Allais, o único francês a receber um Nobel da economia até hoje. Releiamos a parte central do seu artigo: «A partir de Junho de 1997, desencadeia-se uma crise monetária e financeira na Ásia, que prossegue actualmente. O desenrolar dessa crise, cujo carácter súbito e amplidão ninguém previu, foi muito complexo». Maurice Allais descreve então a sua sucessão, tal como acabámos de o fazer.

Depois acrescenta-lhe um ponto de vista mais político: «Nos países asiáticos, que passaram por quedas consideráveis das suas moedas e bolsas, as fugas especulativas de capitais arrastaram dificuldades sociais muito graves. O que é pelo menos aflitivo é que as grandes instituições internacionais estão bastante mais preocupadas com as perdas dos especuladores (indevidamente chamados investidores) do que com o desemprego e a miséria suscitadas por essa especulação».

Por fim, retira a seguinte conclusão: «Verificam-se profundas semelhanças entre a actual crise mundial e a Grande Depressão de 1929-1934: a criação e a destruição de meios de pagamento pelo sistema de crédito, o financiamento de investimentos de longo prazo com fundos obtidos por empréstimos de curto prazo, uma especulação maciça sobre as acções e as moedas, um sistema financeiro e monetário fundamentalmente instável».

A crise segundo Maurice Allais consiste, pois, essencialmente no endividamento, um endividamento que parece sem limites. A crise financeira é, na origem, da mesma natureza da inflação: é a manifestação de uma dívida improdutiva. Esta arrasta o desaparecimento de uma parte do poder de compra. Quando isso acontece por via da inflação, toda a gente é afectada pela redução da dívida improdutiva. Quando é pela via da crise financeira, à partida são os bancos e os especuladores que sofrem, mas a vaga pode afectar também o conjunto da população por intermédio da deflação que se converte em desemprego. Se a sabedoria popular pensa que «quem paga as suas dívidas enriquece» é porque aquele que é incapaz de o fazer provoca ou a inflação ou uma crise financeira. Inflação, quando se descobre na incapacidade de o fazer; uma crise financeira, quando alguém a proclama.

A dívida improdutiva é, por isso, o problema a evitar. Fica ela a dever-se unicamente ao financiamento dos Estados, directa ou indirectamente, como as trocas de dívida pública por acções de 1720? Uma dívida pode ser improdutiva mesmo quando assenta na compra de um bem privado?

Os exemplos de especulação com bens privados abundam.

Tulipa e dinheiro

Reteremos dois: o celebérrimo dito das tulipas no século XVIII, nos Países Baixos, que então se chamavam Províncias Unidas, e o dos irmãos Hunt, em 1980.

Aquilo a que se chama a tulipomania é a inverosímil especulação que se desenrolou em torno do bolbo da tulipa, em 1637, nas Províncias Unidas. Os Países Baixos, que são hoje uma placa giratória do comércio de flores, são-no já há cinco séculos. Até meados do século XVI, os holandeses produziam quase exclusivamente rosas. A partir de 1550, trazem da sua peregrinação pelo planeta múltiplos tipos de flor. Trazem nomeadamente do Império Otomano tulipas. Para se obter tulipas, plantam-se bolbos que só dão uma flor uma década depois. Ter bolbos de tulipa é pois fazer um investimento a prazo relativamente longo num domínio, a agricultura, que assenta sobretudo em ciclos anuais.

A tulipa floresce na Primavera e replantam-se os bolbos, incluindo aqueles que produziram uma flor e que podem ser reutilizados, no Outono. Há pois durante o Verão um período fasto durante o qual se desenrolam fisicamente as vendas e compras de bolbos. No início do século XVII, durante os outros meses do ano, põe-se em marcha um mercado de futuros, onde as pessoas vendem e compram a um preço pré-fixado bolbos que só estarão efectivamente disponíveis no Verão seguinte. Em 1635 o preço nesse mercado de futuros começa a subir. A crer nos historiadores, toda a população está mais ou menos implicada na operação. Em 1636 é a escalada. Entre Novembro de 1636 e Fevereiro de 1637 o preço é multiplicado por 20. Antes de regressar ao seu nível em Maio de 1637. O que se passou? Estiveram em jogo dois elementos: os especuladores que venderam no mercado de futuros têm interesse em que o mercado à vista esteja com uma cotação inferior ao preço do futuro – de facto, compram ao preço à vista para honrar compromissos que assumiram com base no preço do futuro. Concretamente, o preço do futuro do início do Verão de 1637 é representativo de Janeiro de 1637, e é portanto muito elevado. O mercado à vista quebrou graças aos seus cuidados em Fevereiro. E os especuladores fazem a sua margem sobre a diferença entre o preço do futuro e preço à vista. Uma vez começada a baixa, o pânico acelera e amplifica o processo. A maior parte dos compradores no mercado de futuros, que anteciparam uma alta dos preços, acham-se na incapacidade de mobilizar os fundos necessários para fazer face aos seus compromissos: muitos arruínam-se.

Mas vai entrar em jogo um segundo elemento. Para limitar o número de falências as autoridades comerciais holandesas adoptam uma disposição em 24 de Fevereiro de 1637 que reduz as obrigações contratuais dos compradores nesse mercado. O que tem por resultado tornar a realização de operações efectivas de compra e venda de bolbos menos segura e acabar por completar a queda dos preços.

A especulação saldou-se por um colapso, cujo ponto de partida foi uma decisão pública, a que visou redefinir as obrigações respectivas de compradores e vendedores num mercado de futuros.

26 de Março de 1980: Nelson Bunker Hunt e o seu irmão William Herbert assistem, impotentes, à queda a pique da cotação da prata. Filhos de um magnata do petróleo excêntrico como

só os EUA são capazes de produzir, eles querem afirmar a sua personalidade e a sua competência financeira para igualarem o pai. Começam por tentar negócios no petróleo, procurando aprovisionar-se em países um pouco à margem do mercado petrolífero. Investem na Líbia, mas o golpe de Estado de Kadafi leva-os a renunciar às muitas esperanças que depositavam no sector. Esse revés pessoal, combinado com os fracassos americanos no Vietname, persuade-os do declínio dos EUA, cuja tradução mais evidente será a aceleração da inflação. E para se protegerem face a ela nada melhor do que voltar aos metais preciosos, o ouro e a prata. Sendo o ouro ainda um negócio no qual os Estados e os bancos centrais estão em primeira linha envolvidos, resta a prata.

Em meados da década de 70 os irmãos Hunt põem-se a açambarcar toda a prata disponível. Acumulam a partir de então contratos sobre esse metal. Os resultados não se fazem esperar: enquanto em 1973 a cotação é de 1,95 dólares por onça, está nos 4 dólares no início de 1975. Os irmãos Hunt vêem o seu poder aumentar de forma cada vez mais sustentada. Entre Junho e Dezembro de 1979, compram 150 milhões de onças, elevando o seu *stock* para 200 milhões. No mesmo período, a cotação da prata dispara literalmente, passando de um pouco mais de 5 dólares a onça no início de 1975 para 54 dólares em Janeiro de 1980. É então que intervêm as autoridades em Washington e Nova Iorque.

No início de 1980, a Comex (New York Commoditity Exchange, bolsa de mercadorias de Nova Iorque), apoiada pela Reserva Federal, decide mudar brutalmente as regras de jogo. Os depósitos de garantia para novas compras são elevados para níveis proibitivos. Além disso, os profissionais são autorizados a substituir as entregas em prata por dinheiro em caixa. Por fim, limita-se o número de contratos que cada entidade pode deter. O efeito não se faz esperar: entre Janeiro e os primeiros dias de Março de 1980, a cotação da prata cai a pique de 54 para 21 dólares. A 26 de Março de 1980, data conhecida entre os especialistas como *Silver Thursday*, a cotação volta a esmagar-se e desce para os 11 dólares! Centenas de especuladores que entraram no mercado com o fito de vender *in fine* a sua prata aos irmãos Hunt arruínam-se. Os próprios irmãos Hunt vão à falência.

Papel da regulação: salvar os bancos, não os banqueiros

Tanto nas decisões da guilda dos comerciantes neerlandeses como na da Reserva Federal face à especulação com a prata, ou na intervenção do FMI na Tailândia como na votação da Bubble Act, vemos com efeito que, se a especulação e o drama financeiro reflectem aquilo a que o banqueiro central norte-americano Allan Greenspan chamava a exuberância irracional dos mercados, ela depende também, a vários títulos, do comportamento dos Estados. Não são eles que alimentam a especulação, mas enquadram-na e desferem o golpe final. De resto, perante a barreira do dinheiro que, como vimos, se ergue face à esquerda, os governos desvalorizam, o que arruína a poupança, grande ou pequena, e/ou têm a tentação, como a Grécia, de ceder ao charme venenoso da bancarrota.

O Estado pode permitir-se tudo? Não. Há um limite. Com efeito, quando quebra uma torrente especulativa arruína alguns agentes económicos. E essa ruína pode estender-se a sectores inteiros da economia, provocando um abrandamento do crescimento e até mesmo uma recessão. A primeira vez que se pôs de forma clara a questão de saber quem deveria ser salvo foi por ocasião da crise de 1929. Um dos homens cruciais do debate foi Carter Glass.

Março de 1933: Rossevelt assume funções como presidente dos Estados Unidos. Em Junho o Congresso adopta um Banking Act memorável, universalmente conhecido pelo nome de Glass Steagall Act. Concebido para proteger os depósitos bancários dos particulares, prevê a criação de um fundo de garantia de depósitos e a separação estrita entre banca comercial e banca de investimentos. Os bancos comerciais gerem o dinheiro das famílias e devem emprestar em condições de segurança máxima; a banca de investimentos, que levanta fundos nos mercados, pode entrar em actividades de maior risco. Contestado nos anos 80, esse princípio de separação foi finalmente abandonado nos EUA em 1999. Hoje está de novo em força na agenda: Michel Barnier, o comissário europeu encarregado da regulação financeira, fala dele; George Osborne, o chanceler do Tesouro britânico, anunciou em Dezembro a adopção próxima de um Glass Stegall Act à inglesa. Na realidade, quem eram Glass e Steagall? Henry Steagall era membro da Câmara dos Representantes e Carter Glass senador. Dos dois, Glass era a personalidade mais marcante.

Nascido a 4 de Janeiro de 1858 na Virgínia, um estado sulista, em criança Carter passa pela Guerra de Secessão. Daí retira um ódio forte a Lincoln e aos republicanos. Próximo do presidente Woodrow Wilson, tal como ele nascido na Virgínia, convence-o, para pôr termo às crises financeiras sucessivas que abalam a economia americana, a apoiar a criação da Reserva Federal – o banco central –, que é criado em 1913.

Entre 1918 e 1920 é secretário do Tesouro de Wilson. De 1921 a 1933, afirma-se como opositor intransigente dos presidentes republicanos. A partir de 1913, é também opositor suave de Roosevelt. Arquétipo do democrata conservador do Sul, está em desacordo com o *New Deal*. Toma posição contra a desvalorização do dólar e contra o relançamento da economia por via do défice orçamental, medidas que, na sua opinião, vão levar à inflação e à ruína da poupança. Não vê saída para crise que não seja por um apoio ao investimento privado. Preconiza uma baixa de impostos para as empresas, assente na redução das despesas. A sua preocupação com a preservação da poupança condu-lo a denunciar desde meados dos anos 20 o comportamento, aos seus olhos irresponsável, dos banqueiros.

Mal assume funções, Roosevelt fecha imediatamente os bancos por um período de oito dias e pede a Glass que pense numa reforma tendo em vista evitar falências bancárias em catadupa (o número de bancos nos EUA passou de 29 mil a 15 mil em Março de 1933). Glass advoga em primeiro lugar um papel acrescido do FED e, depois, vendo aumentar o poder do clã dirigista, favorável à nacionalização, entre os círculos que rodeiam Roosevelt, alia-se ao projecto de separação da banca comercial e de investimento. É o Glass Steagall Act. Não está forçosamente convencido da pertinência dessa separação entre os dois tipos de bancos, mas para ele o essencial é evitar a nacionalização. Considera, com efeito, que um banco é uma actividade comercial privada susceptível de falência em caso de erro e que se deve deixar que os banqueiros exerçam livremente o seu negócio. A única coisa sobre a qual Glass insiste junto da administração Roosevelt é que é preciso evitar a ruína dos depositantes e, portanto, criar um sistema de garantia que os proteja.

1984: depois da decisão do G7 de Tóquio de se desembaraçar da inflação, a Reserva Federal norte-americana leva a cabo, sob a direcção de Paul Volcker, uma política monetária de grande violência – em 1978, ano que precede a sua nomeação, as taxas de juro de curto prazo sobem de 7,4% para 14% em 1981.

Em Julho de 1982, com a subida das taxas, o governador do Banco de México declara que o seu país não pode honrar os seus prazos de pagamento. A queda em dominó desencadeia-se e arrasta em 1984 uma dos principais bancos de Chicago, o Continental Illinois. Em princípio devia falir. O fundo de garantia de depósitos de clientes, criado sob Roosevelt e Glass, prepara-se para mobilizar 4,5 mil milhões de dólares, quando a liquidação começa. Mas a Reserva Federal intervém. Volcker aceita emprestar fundos ao Continental, genericamente da dimensão dos seus compromissos mexicanos. Àqueles que se indignam por o banco não falir como qualquer empresa comercial que tem perdas acima dos fundos próprios, ele responde «*too big to fail*» («demasiado grande para falir»). Expressão que se vai propagar. Mas simultaneamente, aos dirigentes do banco, ele precisa: «Salvo os bancos, não os banqueiros».

O mundo dos negócios tem a suas regras: quem se engana e fracassa vai à falência e perde os seus fundos próprios. E os bancos, empresas comerciais originais, mas apesar de tudo comerciais, não deviam escapar a essa regra. Mas como é um sector sensível, não é raro que os poderes públicos intervenham e decidam evitar as sanções habituais de uma actividade mal gerida. São, apesar disso, obrigadas a reconstituir um mecanismo pelo qual os erros sejam sancionados.

Conclusão

Os banqueiros são cúpidos ou estúpidos? Lendo a imprensa, seríamos tentados a responder a essa pergunta como nos filmes cómicos que divertem os soldados: as duas coisas, meu coronel! Desse modo, o banqueiro seria uma espécie humana sórdida, mas felizmente rara: a que procura maximizar o seu interesse. E, a par dele, haveria toda uma população ingénua e angélica, devotada à felicidade colectiva e Estados animados pela preocupação única com o bem comum.

Essa fábula é evidentemente grotesca. Os homens são homens e, banqueiros ou não, agem por interesse. É o primeiro axioma de Senior, de que falámos na introdução. São então estúpidos, a ponto de fazerem o que quer que seja emprestando a quem quer que seja? Seríamos ainda assim levados a crer nisso, pois reprovamos-lhes o terem emprestado, na forma de *subprime*, a famílias americanas insolventes ou a Estados como a Grécia, que era evidente que seriam incapazes de pagar. Salvo que no negócio do *subprime* os bancos americanos emprestaram porque as dívidas estavam garantidas por organismos públicos. Quanto à Grécia, o compromisso financeiro nascido com a generalização dos bancos centrais no século XIX fazia dela um activo seguro. A regra do jogo que foi instaurada depois da lei de 1844 sobre o Banco de Inglaterra era a de que, aconteça o que acontecer, o banco central retomaria, refinanciando-a, sem condições particulares, a dívida pública. Se na zona euro manifestamente a regra mudou, a culpa não é dos banqueiros.

O mais grave neste discurso de denúncia dos bancos, a bem dizer tão antigo como os próprios bancos, é que ele leva à multiplicação de restrições artificiais. Ora, ao refrear os bancos, refreia-se o crédito e portanto o crescimento.

Escrevemos no capítulo anterior que o crescimento económico supõe bancos que emprestem a empresários, que assumem riscos com base na análise do futuro da economia e dos seus mercados. O portador de risco é o empresário e ele assume-o ao entrar com fundos próprios. Quando se engana – e o banco que lhe empresta com ele –, os fundos próprios desaparecem, reembolsando-se o banco pela recuperação dos seus activos. Se, apesar dos activos em questão, o banco não consegue fechar as contas, ele mesmo deve falir. É próprio da vida económica, que requer que quem age seja livre e responsável: quando tudo corre bem, faz fortuna; senão, vai à falência.

Para a população, o problema a enfrentar não é o da moral supostamente duvidosa dos banqueiros, nem o da sua garantia de sobrevivência custe o que custar. É o do destino dos seus depósitos. Carter Glass compreendeu-o muito bem. Mais do que um novo Glass Steagall Act, precisamos é de um novo Carter Glass.

Bibliografia

Jean-Noël Jeanneney, *Leçons d'histoire pour une gauche ao pouvoir: la faillite du cartel*, Seuil, 2003.
John Kenneth Galbraith, *Économie hétérodoxe*, Seuil, 2007.
Charles Kindleberger, *Histoire mondiale de la speculation (Manias, Panics and Crahes, A History of Financial Crises)*, Valor, 2005.
Charles Rist, *Histoire relative à la monnaie et au credit*, Dalloz, 2002.

LIÇÃO 7

AS AMBIGUIDADES DO PROTECCIONISMO

Muito desacreditadas pelos economistas liberais do século XVIII e XIX, as chamadas economias mercantilistas encontraram nos últimos tempos uma estranha recuperação do favor. Essa recuperação é antes de mais apoiada por alguns economistas keynesianos do século XX e até mesmo pelos próprios escritos de Keynes. Na sua obra maior, a *Teoria Geral*, ele presta homenagem aos mercantilistas, indicando que eles tiveram a inteligência de compreender o papel da procura na dinâmica da criação de riqueza. Segundo Keynes, a sua obsessão monetária desajeitada não nos deve disfarçar a sua intuição: o que impede que uma economia ganhe impulso é a falta de poder de compra; não serve de nada produzir se não é possível vender e não é possível vender a não ser que os consumidores disponham do rendimento monetário que lhes permita comprar.

Hoje não é tanto a falta de procura que é salientada, mas a necessidade de reduzir as importações. Enquanto os mercantilistas acusavam as importações de esvaziar de ouro o país, os seus discípulos modernos acusam-nas de esvaziar o país dos seus empregos. Justificada assim por uma abordagem nova, a reabilitação anunciada dos mercantilistas encarna-se num estranho regresso do fascínio que sobre eles exercia a «balança de comércio», regresso que se faz pelo discurso recorrente sobre a «competitividade».

O que é o mercantilismo?

O mercantilismo inscreve-se na continuidade histórica da Renascença. Nasce no século XVI, num universo económico abalado pela descoberta do Novo Mundo. Segundo uma fórmula célebre entre os economistas do século XIX, o primeiro economista não foi Montchrestien nem Adam Smith, mas... Cristóvão Colombo!

Nesse século XVI, o país dominante, a saber, a Espanha, adquiriu o seu poder político, económico e militar, não pelo trabalho dos seus habitantes, mas pelo acesso a um *stock* de moeda. Essa observação vai ao arrepio do pensamento escolástico de Oresme, que desconfia da acumulação de moeda. Vai também contra a valorização do trabalho como elemento fundador do laço social. S. Paulo, na *Epístola aos Tessalonicenses*, afirma: «Aquele que não trabalha não come» ([41]). O trabalho é um valor cristão e, porém, a muito católica Espanha fez a sua fortuna não somente não trabalhando, mas ainda fazendo do *Hidalgo* que se gaba da sua ociosidade um modelo de vida. As questões que se põem ao observador da época são a de saber, em primeiro lugar, se é verdadeiramente a acumulação de moeda que faz a riqueza e o poder; depois, qual o melhor meio de aumentar a quantidade de moeda de que dispõe um país; por fim, qual o grupo social que melhor se identifica com o objectivo de aumentar a quantidade de moeda em circulação.

São os fisiocratas, quer dizer, os amigos de Quesnay (ver Lição 1), que evocam pela primeira vez o «sistema de comércio» para criticar as respostas dadas a estas questões nos séculos XVI

([41]) S. Paulo, *Segunda Epístola aos Tessalonicenses*, 3.1.

e XVII ([42]). Os fisiocratas crêem nas virtudes da agricultura e querem assim estigmatizar o que consideram ser ilusões de um sistema económico que tem por eixo o aumento da massa monetária e a produção industrial mais ou menos organizada pelo Estado, com o objectivo de exportar. Com uma conotação ainda mais negativa, o marquês de Mirabeau ([43]), igualmente amigo de Quesnay, denuncia o «sistema mercantil». Adam Smith retém a expressão e assegura-lhe o sucesso.

Em termos estritos, a palavra «mercantilismo» propriamente dita aparece no século XX com uma obra considerável, redigida por um economista sueco, Elie Heckscher (1879-1952). A sua obra caracteriza o mercantilismo, atribuindo-lhe três princípios essenciais:

- O primeiro é que o crescimento necessita do aumento da quantidade de moeda. Esse aumento é uma condição necessária, mesmo que os mercantilistas admitam que não é suficiente, uma vez que pode conduzir, não ao crescimento da produção, mas, como se viu na Europa depois do afluxo de metais preciosos americanos, à inflação.

- O segundo é que o aumento do *stock* de moeda, que à época corresponde a um *stock* de ouro e prata, se pode obter por três meios:
  – apropriação, pela guerra, de um território onde há minas de ouro e prata (foi o que fez a Espanha na América);
  – guerras vitoriosas contra Estados que acumularam ouro e impor-lhes depois da derrota o pagamento de uma indemnização (*vae victis...*);

([42]) A palavra comércio tem nesse tempo ainda o sentido de indústria. Turgot, por seu lado, emprega a expressão «sistema de comerciantes».

([43]) O pai do revolucionário.

– vender mais ao estrangeiro do que comprar-lhe: o excedente comercial assim realizado permite aumentar o *stock* de outro e prata; com efeito, cada bem que se vende a um país estrangeiro é pago por este último na forma de uma transferência de ouro ou prata. Um dos meios de obter esse resultado é reduzir as importações. Se o Estado não está seguro de que os países estrangeiros estejam dispostos a comprar a sua produção, pode em contrapartida, de forma segura, impedir a sua população de se fornecer no estrangeiro, aumentando o preço das importações, por via de direitos alfandegários elevados, ou indo mesmo ao ponto de praticar políticas de contingentação das importações. Heckscher especifica que o mercantilismo consolida as políticas autárcicas da época medieval. Mas a sua lógica é diferente. Ela marca com efeito a passagem de uma política de provisão – com a qual se pretende impedir as exportações para assegurar que o país não perca os seus bens – para um sistema de protecção – cujo objectivo é evitar que o país perca a sua moeda.

• O terceiro é a necessidade de o país desenvolver manufacturas – comércio – cuja produção será orientada para a exportação. As manufacturas são privadas ou públicas, mas em qualquer caso enquadradas pelo Estado, que segue a produção e vigia a qualidade, para se assegurar que os seus produtos encontrarão compradores.

Os nossos protecionistas modernos, implicados no «relançamento produtivo», não avançaram em relação a este esquema [44].

---

[44] Desde 15 de Maio de 2012, com a vitória eleitoral de François Hollande para a presidência da República francesa e a nomeação de Jean-Marc Ayrault, o velho Ministério da Indústria recebeu o nome de Ministère du Redressement

Defeitos e contradições do mercantilismo

Porém, a reabilitação um pouco artificial deste género de ideias ignora três defeitos maiores do mercantilismo e do discurso da competitividade.

O primeiro defeito é a sua contradição interna. Se todo o mundo procurar estar em excedente comercial, o sistema bloqueia ou degenera em confronto. De início, a ideia de um excedente comercial inglês, francês ou holandês é aceitável, pois esse excedente tem de encontrar-se com um défice espanhol. Esse défice espanhol não coloca problemas, pois é financiado pela pilhagem de reservas de ouro ou prata americanas. O excedente é possível porque a Espanha assume o défice. Quando este processo chega ao seu termo, o mercantilismo mantém a sua mensagem, mas tendo bem consciência de que atingiu os seus limites. O proteccionismo quer-se cada vez mais educador, quer dizer, as importações são cada vez menos criticadas por custarem a saída de metais e cada vez mais porque concorrem com a produção nacional e são acusadas de provocar desemprego. Porém, mesmo os mercantilistas tardios acreditam nos benefícios de um excedente comercial, mesmo compreendendo que esse excedente não é cooperativo, que só se pode construir contra a economia dos outros países. Hoje os americanos orgulham-se do seu défice externo, que permite aos neomercantilistas de Pequim e Berlim acumular excedentes. Quando se lhes lembra a despreocupação de que dão prova, lembram que é difícil para o planeta estar em excedente externo. E afirmam que se podia tentar extrair excedentes comerciais sobre a Lua, mas que, até prova em contrário, só eles foram lá ver e medir a dimensão dos mercados!

Productif, Ministério do Relançamento, ou Restauração, Produtivo. Entre nós, uma problemática semelhante tem sido ventilada em torno do termo «reindustrialização» *(N.T.)*.

O segundo defeito do mercantilismo é o de que o afluxo de metais preciosos, e portanto de moeda, a um país leva a um aumento da massa monetária e à inflação. A mensagem dos mercantilistas sobre a inflação é ambígua. Acham-na positiva porque ela favorece os vendedores cujos preços sobem e apagam as dívidas, nomeadamente as dos Estados. Mas tem um grave defeito aos seus olhos: torna o país menos competitivo e reduz os mercados e as exportações. A inflação leva, por fim, à redução do excedente comercial. Para o restabelecer, é preciso baixar os preços das exportações, pressionando os salários do sector exportador, o que leva a revoltas da mão-de-obra, ou então a baixar as importações através de um aumento dos direitos aduaneiros ou contingentação forçada, o que acaba por atingir o bem-estar da população.

Este terceiro defeito prende-se com a circunstância de o agente central da economia ser o Estado, o que tem por consequência paradoxal que este sistema, que se pretende ao serviço do comércio, constrói-se para e por funcionários.

A economia ao serviço do Estado

O teórico mais conhecido do mercantilismo inglês é Thomas Mun (1571-1641). Elogia os méritos do empresário – sem lhe chamar assim, já que a palavra foi introduzida por Cantillon no século XVIII –, e a empresa capitalista, na qual se associam privados para realizar projectos de produção e troca. Mas ele vê desenvolver-se, invocando as suas teorias sobre a necessidade de obter um excedente comercial, o poder autoritário de Cromwell e a política económica meticulosa de Colbert. Thomas Mun é obrigado a constatar que o mercantilismo é na realidade um sistema animado e concebido por funcionários, um sistema que terá a sua apoteose no final do século XVIII no funcionário «filósofo» ao serviço do «déspota esclarecido», que moderniza a economia em nome da razão.

Em França, as interrogações pessoais de Thomas Mun sobre um sistema que conduz ao reforço do poder do Estado são raramente colocadas. Estamos mais à vontade com a ideia de confiar o poder económico a funcionários. Fala-se muito frequentemente a este propósito de Colbert, mas convém não esquecer que ele é, antes de mais, herdeiro espiritual de Barthélemy de Laffemas (1545-1612) e da sua política.

Laffemas começa por publicar em 1598 *Les Trésors et richesses pour mettre l'Estat em splendeur e monstrer au vray la ruine des François par le trafic et négoce des estrangers* (*Os tesouros e riquezas para pôr o Estado em esplendor e mostrar verdadeiramente a ruína dos franceses pelo tráfico e negócio dos estrangeiros*). É partidário de uma verdadeira política industrial cujo objectivo é simultaneamente favorecer as exportações e promover a substituição de importações. Tornado ministro por Henrique IV, subvenciona a produção de seda. À época, a seda utilizada em França vem do Norte de Itália. Faz Henrique IV estipular num édito que cada paróquia tem de plantar três amoreiras, a árvore onde vivem os bichos-da-seda. E o próprio rei planta solenemente três amoreiras no Jardim das Tulherias: é já o fabrico francês. É um fracasso, com as amoreiras a morrerem umas atrás das outras. Olivier de Serres, o célebre agrónomo, contemporâneo e amigo de Laffemas, retoma pessoalmente as coisas e limita o cultivo das amoreiras ao Vale do Ródano.

Proteccionismo e comércio livre

Desacreditadas pela sua inconsistência interna, as políticas mercantilistas esvanecem-se pouco a pouco ao longo do século XVIII. Regressam numa outra forma, a do proteccionismo, no século XIX. O teórico dessa mutação é o alemão List. Faz a apologia do proteccionismo num livro intitulado *Sistema Nacional de Economia Política*, publicado em 1841. Apresenta-se em contrapé à economia política clássica livre-cambista do fim do século XVIII e do início do século XIX, a de Adam Smith e Jean-Baptiste Say. Chamando a esses economistas e aos seus discípulos «a escola», numa assimilação pejorativa da sua doutrina e do seu método à escolástica medieval, acusa-os de se enganarem e de enganarem a opinião pública. Enganam-se porque a sua teoria assenta em dois erros fundamentais: o primeiro é crer que há leis gerais da economia válidas para todo o tempo e todo o lugar; o segundo é um pressuposto individualista, que tende a ignorar nas decisões de cada um a sua ligação ao quadro familiar e à cultura nacional.

Para List, a economia assenta numa dinâmica que faz passar cada país por cinco fases sucessivas: duas fases primitivas em que a sociedade está em gestação, a que ele chama fase selvagem e fase pastoral. Depois, três fases de desenvolvimento económico construído: a primeira, agrícola, em que o país pode ter interesse em diversificar o seu aprovisionamento através do comércio livre; a segunda, de arranque industrial, na qual o país deve proteger-se da concorrência dos países que estão mais avançados do que ele – é a do proteccionismo educador; a última fase, a da maturidade, em que o país se junta ao grupo dos países mais desenvolvidos e pode jogar o jogo da concorrência internacional.

O proteccionismo é um instrumento dinâmico, um meio de transição que deve permitir a emergência de indústrias altamente produtivas. O proteccionismo constrói o futuro. É por essa razão que seria um erro usá-lo para assegurar a sobrevivência de sectores económicos em declínio. O comércio livre é a finalização da evolução económica de um país, é frutuoso para os países que atingiram uma situação estável de igualdade de desenvolvimento com os seus concorrentes. Mas em caso de desigualdade, favorece o grupo de países avançados no plano tecnológico e esmaga os outros, condenando-os à estagnação. O proteccionismo defendido por List define-se como um proteccionismo educador e deve ser praticado pelos países em vias de arranque económico. List opõe-se ao proteccionismo defensivo dos países ricos, àquilo a que chamaríamos hoje o «relançamento produtivo» ([45])...

Se, no papel, ele refuta Adam Smith, o seu verdadeiro adversário é Ricardo. Este demonstra no seu livro *Princípios de Economia Política e Tributação* ([46]), publicado em 1817, que a especialização internacional é preferível à situação na qual cada país cobre as suas necessidades. Dá dois países como ilustração e compara a autarcia ao comércio livre, a Inglaterra e Portugal, e dois bens, o vinho e o pano. Suponhamos que para produzir uma unidade de vinho e uma unidade de pano seja necessário em cada caso uma hora na Inglaterra, e a e b horas em Portugal. Se a for inferior a b, diz-se que Portugal tem uma *vantagem comparativa* na produção de vinho. A produção por cada país de uma unidade de cada bem mobiliza 2 horas em Inglaterra e $a+b$ horas em Portugal, isto é, no total $2+a+b$ horas. Se Portugal se especializar no sector que corresponde à sua vantagem comparativa – o vinho – e se a Inglaterra produzir todo o pano, a mesma produção necessita 2 horas em Inglaterra e $2a$ horas em Portugal, isto é, um tempo total de $2+2a$ horas, inferior ao precedente. QED: o comércio livre permite chegar ao mesmo nível de produção mobilizando menos horas de trabalho.

Vê-se bem neste raciocínio que a superioridade do comércio livre assenta na especialização de cada país. Cada país especializa-se, segundo Ricardo, naquilo em que tem uma *vantagem comparativa*. As reticências que o comércio livre suscita vêm ou dos produtores condenados a desaparecer pelo facto de a sua actividade não se inscrever nas vantagens comparativas – viticultores ingleses e industriais do têxtil no exemplo de Ricardo – ou daqueles que pensam que um país poderia por si só produzir

---

([45]) Alusão ao Ministère du Redressement Productif, nome sob o qual foi reciclado o Ministério da Indústria francês sob François Hollande e Jean-Marc Ayrault *(N.T.)*.

([46]) *Principles of political economy and taxation (N.T.)*.

tudo, condenando os outros ao desemprego. Insistamos no facto de, para Ricardo, um país não ter interesse, no quadro do comércio livre, em produzir tudo.

Ricardo completa o seu raciocínio defendendo a ideia de que em caso de défice externo o comércio livre conduz automaticamente ao regresso ao equilíbrio. O país deficitário é com efeito obrigado a pagar o seu excesso de importações com saídas de ouro – à época –, de divisas estrangeiras – hoje. A sua massa monetária contrai-se e, de acordo com a equação quantitativa da moeda, os seus preços baixam *ipso facto*. Mais baratos, os seus produtos vendem-se melhor no estrangeiro e o país beneficia de um aumento das exportações, o que leva a um regresso ao equilíbrio externo.

A Inglaterra na linha da frente do livre-cambismo

Cada uma das teorias teve no século XIX os seus campeões. O livre-cambismo é inglês, o proteccionismo alemão e americano, a dúvida francesa.

O livre-cambismo inglês faz carreira pela acção de Robert Peel e sobretudo William Gladstone. Gladstone é membro do governo de Peel, que lança o comércio livre em 1842. À época, o código aduaneiro inglês conta com 1150 artigos. Dez anos depois, sobram 50. Em Setembro de 1859, Gladstone, então chanceler do Tesouro, encontra-se com o ministro do Comércio francês ([47]), Michel Chevalier. O seu encontro resulta num tratado de comércio livre, chamado Cobden-Chevalier, assinado em 1860. A lenda diz que o comércio livre inglês foi imposto a Londres em 1847 pela necessidade de importar cereais e fazer face à fome na Irlanda. Pensar que a classe

---

([47]) Nessa altura, a palavra «comércio» significa actividade económica. A pasta de Chevalier faria dele hoje ministro da Economia e Finanças, sem a responsabilidade do Orçamento.

política inglesa tenha podido tomar uma decisão com o objectivo de aliviar os infortúnios desse país é desconhecer a sua sensibilidade profunda. A Inglaterra torna-se livre-cambista, não pelo peso da necessidade, mas numa lógica global. Para os ingleses dos anos 1840, a concorrência estimula a actividade económica, seja a concorrência interna ou internacional. É portanto bem-vinda.

Essa opinião não é apenas a de Ricardo e dos chamados economistas clássicos do início do século XIX. A referência dos economistas ingleses do final do século XIX, os economistas neoclássicos, William Stanley Jevons, confirma o ponto de vista de Ricardo. O texto seguinte, extraído dos *Princípios de Economia Política*, é sempre actual. É uma das respostas mais claras a qualquer ofensiva proteccionista.

> Pensa-se frequentemente que ao impedir o público de comprar mercadorias estrangeiras ele será obrigado a comprar mercadorias no país e que assim as manufacturas continuarão a trabalhar, dando muito emprego aos operários. Trata-se de um erro total, um erro a que poderíamos chamar o erro da protecção (...). Mas que aconteceria aos nossos operários se tudo nos viesse de outro país? Tal estado de coisas, respondemos, não pode existir. Os estrangeiros não pensariam em enviar-nos mercadorias, a não ser que as pagássemos com outros produtos ou dinheiro. Se as pagamos em mercadorias, serão necessários naturalmente operários para as fabricar (...). Assim, portanto, a compra de mercadorias estrangeiras encoraja as manufacturas do país da melhor maneira possível, porque encoraja justamente os ramos da indústria para os quais o país está mais bem preparado e com a ajuda das quais a riqueza é criada o mais abundantemente possível».

Não há muito a acrescentar.

«Made in Germany»...

E porém, na própria Inglaterra, no final do século XIX aparece uma corrente neoproteccionista. O seu chefe de fila é

Joseph Chamberlain (1836-1914) ([48]), à partida um liberal, que se torna presidente da câmara de Birmingham em 1873. Admirador incondicional de Gladstone, afasta-se progressivamente dele pela questão do comércio livre. Na sua cidade, a siderurgia é a principal fonte de empregos. Ora, ela está sujeita a um rude teste pela concorrência alemã e americana. Como estes dois países praticam políticas agressivamente proteccionistas, ele advoga junto do governo um retorno ao proteccionismo para compensar essa deslealdade comercial.

A classe política inglesa é agitada por debates intensos sobre um eventual regresso ao proteccionismo. Os livre-cambistas recordam regularmente que o aumento dos direitos aduaneiros aumentará os preços e penalizará o consumidor nacional, mais ainda do que o produtor estrangeiro. Chamberlain advoga que é preciso deixar de ser ingénuo e necessário passar do *Free trade* (comércio livre) ao *Fair trade* (comércio justo), afirmação que faz ainda parte dos argumentos proteccionistas de hoje.

Chega-se a um compromisso: este, no país da liberdade, consiste em deixar a escolha ao consumidor britânico entre um produto inglês caro, mas garantindo um nível de emprego nacional elevado e um produto estrangeiro barato mas que a prazo leva a deslocalizações. Para o concretizar, uma lei de 1887 impõe que seja aposta aos produtos alemães uma etiqueta *made in Germany* a fim de devolver aos compradores ingleses a responsabilidade. Produz-se então um fenómeno que lembra a história evocada atrás sobre a creche de Haifa: os ingleses não reagem como se previa. Associando os produtos alemães à qualidade, lançam-se aos produtos «made in Germany», mesmo quando são mais caros do que os produtos ingleses equivalentes. O consumidor inglês do fim do século XIX contentou-se com afirmar pomposamente no jargão pseudo-económico do início

---

([48]) Os seus dois filhos farão também carreira política. Um deles terá o triste privilégio de ser o signatário enganado dos acordos de Munique com Hitler.

do século XXI aquilo a que chamamos «a competitividade fora do custo».

... e preferência imperial

A Grã-Bretanha permanece fiel ao comércio livre até à crise de 1929. No Outono de 1931 desvaloriza brutalmente a libra e instaura direitos aduaneiros. Em Agosto de 1932, em Otava, os países do antigo império colonial inglês tornado Commonwealth adoptam o princípio da «preferência imperial»: o preço de um bem produzido fora do império e fornecido a Londres deve ser pelo menos igual ao do bem equivalente provindo do território imperial. Assinalemos a propósito que este princípio tem de enfrentar de novo a dimensão «fora do custo» e o critério da qualidade dos produtos trocados. Assim, os sul-africanos e os australianos reclamam na altura direitos muito elevados sobre os vinhos de Bordéus que as classes britânicas mais altas consomem tradicionalmente. Alguns comentadores, entre os quais o príncipe de Gales – o futuro Eduardo VIII –, chamam a atenção para o facto de aumentar muito os direitos alfandegários sobre os *bordeaux* vir a penalizar os consumidores, sem que por isso estes considerem seriamente renunciar a eles em benefício dos vinhos sul-africanos e australianos.

A afirmação da preferência imperial vai pouco a pouco desfazer-se e Thatcher voltará ao princípio fundamental da visão económica inglesa, a do comércio livre.

Proteccionismo yankee

Nem sempre temos consciência disso, mas nos EUA a Guerra de Secessão (1861-1865) entre o Norte anti-esclavagista e o Sul esclavagista é também uma guerra entre o Norte proteccionista e o Sul livre-cambista. Já List sublinhara a contradição entre estes dois blocos económicos. Anunciava desde o final dos anos 1840 um confronto inevitável entre o Norte e o Sul, que envolveria tanto as bases económicas quanto as bases morais do esclavagismo. Quanto a Palmerstone, o primeiro-ministro liberal da época da Guerra de Secessão, apoiou o Sul, não pelo esclavagismo – O Reino Unido persegue e combate o tráfico de escravos desde 1815 –, mas porque o Sul é livre-cambista.

Eleito presidente dos EUA em Novembro de 1868, o general Grant só assume funções em Março de 1869, segundo regras que ainda vigoram. Enquanto espera para se mudar para a Casa Branca, instala-se no Hotel Willard, o mais luxuoso da capital americana. Todos os serões fuma um charuto num dos salões particulares do hotel. Sabendo-o lá, uma série de pessoas desejosas de lhe falar e dar-lhe conselhos espera-o no corredor que leva à sua sala de fumo. E como corredor em inglês se diz «lobby», tornam-se lobbyistas...

Que retém ele de todas essas pressões diversas e variadas? O facto de a protecção aduaneira ter duas vantagens: fornecer recursos ao Estado, que bem tem necessidade deles para reembolsar a dívida resultante da Guerra de Secessão, dar conforto aos industriais, que afirmam ter bastante necessidade dele para assegurar o desenvolvimento económico do país.

A partir da administração Grant os direitos alfandegários disparam para níveis inéditos. Ora, os EUA passam por um crescimento excepcional. Paul Bairoch, o célebre historiador económico, dá esse exemplo para mostrar que o proteccionismo, se é educador como o teorizava List, conduz também ao arranque económico. E para encerrar o assunto, sublinha que no decurso da fase de expansão económica por que passa o mundo entre 1889 e 1913, o crescimento do PIB por habitante foi de 0,9% no Reino Unido, que permaneceu fiel ao livre-cambismo, enquanto na Europa continental, que adoptou o proteccionismo, foi de 1,5% ([49]).

([49]) Média anual *(N.T.)*.

Mas Bairoch interroga-se e evita tirar conclusões precipitadas. Nos EUA, o fim da construção da primeira linha de caminho-de-ferro transcontinental em 1869 acelera a colonização do Oeste. Se o Sul está economicamente arruinado pela Guerra de Secessão, o Norte, pelo contrário, atravessa uma fase de rápido crescimento industrial, que se prende em particular com uma evolução demográfica extraordinária. Há 62 milhões de americanos em 1890, 75 milhões em 1900 e 105 milhões em 1920. Os imigrantes afluem então ao ritmo de 800 mil a um milhão por ano. Fornecem a mão-de-obra necessária e criam no mercado de trabalho um fenómeno de concorrência do mesmo tipo do que representa uma abertura de fronteiras. Além disso, a utilidade da concorrência é percebida pelos dirigentes americanos que, não a defendendo a nível internacional, envolvem-se internamente na luta contra os monopólios (Sherman Antitrust Act).

França liberal e França proteccionista: a temível concorrência do Sol

Em França as posições são partilhadas. Se os economistas são mais favoráveis ao livre-cambismo, já o mesmo se não pode dizer do mundo dos negócios. Em 1842, no preciso momento em que a Inglaterra começa a reduzir os direitos aduaneiros, um dos industriais mais importantes do país, Auguste Mimerel, que dirige uma empresa têxtil no Norte de França, funda o «comité para a Indústria». Esse comité é considerado a primeira organização patronal estruturada e o antecessor directo do actual MEDEF ([50]). Em 1846, Mimerel muda o nome do comité. Torna-se «Association pour la défense du travail national» [associação para a defesa do trabalho nacional], cujo objectivo

---

([50]) Mouvement des entreprises de França, a principal organização patronal francesa, fundada em 1998, em substituição do Conseil national du patronat français (CNPF) *(N.T.)*.

é claro: trata-se «de aumentar continuamente o bem-estar da classe operária, feliz em França graças ao proteccionismo, ao passo que é profundamente infeliz em Inglaterra por causa do comércio livre». Se Mimerel muda de opinião política ao sabor dos acontecimentos – é orleanista sob a Monarquia de Julho, republicano moderado na II República e bonapartista com Napoleão III – já em matéria económica é constantemente proteccionista.

Face a Mimerel e ao mundo industrial encontram-se sobretudo os economistas e em primeiro lugar Jean-Baptiste Say, que escreve no seu *Catéchisme d'economie politique* (*Catecismo de Economia Política*), em 1815: «A riqueza de um homem, de um povo, longe de prejudicar a nossa, é-lhe favorável; e as guerras feitas à indústria dos outros povos parecerão tanto mais insensatas quanto mais formos instruídos».

Frédéric Bastiat, em seguida, e sobretudo.

Frédéric Bastiat nasceu a 30 de Junho de 1801 em Baiona. A sua família, natural de Chalosse, combina a exploração de um importante domínio agrícola com a gestão de casas de comércio em Bordéus e Baiona. Já abastada, enriquece ainda mais durante a Revolução graças à compra de bens nacionais. Nascido num meio à partida favorecido, Bastiat vê rapidamente a sua vida ensombrar-se: perde a mãe aos sete anos e o pai aos dez; o bloqueio continental decidido por Napoleão em 1806 amputa severamente a fortuna da família. É ao passear-se pelos cais desertos de Bordéus que se convence da nocividade do proteccionismo.

Com um humor muito inglês, publica em 1845 uma *Petição dos negociantes de velas contra a concorrência do Sol*, dirigida à Câmara dos Deputados. (Re)leiamos um extracto emblemático desse texto, cuja finalidade assumida é a de matar pelo ridículo a posição dos inimigos da concorrência.

> Estamos sujeitos à concorrência intolerável de um rival estrangeiro colocado, tudo leva crer, em condições de tal modo superiores às nossas para a produção de luz que inunda o nosso mercado

nacional a um preço fabulosamente reduzido; pois, mal aparece, as nossas vendas páram, todos os consumidores se viram para ele e um ramo da indústria francesa, cujas ramificações são incontáveis, é imediatamente atingido pela estagnação mais completa. Esse rival, que não é outro senão o Sol, faz-nos uma guerra (tão) cerrada (...). Pedimos que sejais servidos de fazer uma lei que ordene o encerramento de todas as janelas, clarabóias, quebra-luzes, guarda--ventos, postigos, cortinas, portadas, olhos-de-boi, estores, numa palavra, de todas as aberturas, buracos, fendas e fissuras pelas quais a luz do Sol tem o costume de penetrar nas casas, com prejuízo das belas indústrias de que nos gabamos de ter dotado o país, que não poderia, sem gratidão, abandonar-nos hoje a uma luta tão desigual.

Bastiat, que morre em 1850, não vê os seus esforços bem--sucedidos. Com efeito só em 1860 o ministro do Comércio de Napoleão III assina um tratado que a III República se esforçará por esvaziar de conteúdo. De facto, no final do século XIX os franceses questionam-se sobre os êxitos americanos e alemães construídos ao abrigo de barreiras alfandegárias e sobre as razias da concorrência chinesa.

Deslealdade chinesa

Pois se o papel positivo da concorrência, interna e externa, é raramente negado, a sua aceitação prática é muito frequentemente recusada em nome de uma distinção especiosa entre *free* e *fair trade*, quer dizer, entre concorrência leal e desleal. O país que mais parece suscitar esse género de reacção é a China, permanentemente acusada de praticar uma concorrência desleal.

É a Napoleão que devemos a fórmula «quando a China acordar, o mundo tremerá», de que Alain Peyrefitte fará nos anos 70 o título de um livro de sucesso.

Na época em que Peyrefitte publica o seu livro, a China era ainda maoísta no sentido mais estrito do termo e exportava sobretudo palavras de ordem. De facto, nos anos 60 e 70, depois da ruptura com Moscovo, o Império do Meio não estava já no meio de nada e já só se afirmava apoiando guerrilhas diversas à margem do comunismo oficial. Era o tempo em que na Ásia se equiparava comunismo radical e China: foi assim que as violências anticomunistas na Indonésia, em 1965, foram a vários títulos *pogroms* antichineses. O impasse político do aventureirismo interno e externo do maoísmo, simbolizado internamente pelo subdesenvolvimento e externamente pela incapacidade de Pequim de salvar o regime amigo dos khmers vermelhos explica em grande parte a ruptura de 1978. Os sucessores de Mao substituíram o proselitismo revolucionário pela vontade de domínio económico.

Essa escolha está em vias de mudar a distribuição de forças mundial. E podemos admirar, sem colocar demasiadas questões, esse país com uma taxa de crescimento de dois dígitos, esse país que era o mais pobre do mundo em 1979 e hoje é a segunda maior economia do planeta, esse país que com Mao mal conseguia trocar produtos muito rudimentares pelos poucos dólares necessários ao seu equilíbrio externo e que hoje está à cabeça das maiores reservas monetárias do mundo.

Porém, de forma menos mensurável, podemos verificar que o relançamento económico da China, por muito espectacular que seja, nada tem de excepcional. A China sofreu com as duas aberrações económicas e políticas do século XX, que foram o colonialismo e o comunismo. As reformas que lhe permitiram conhecer um crescimento rápido foram antes de mais uma ruptura com esses dois fenómenos, ruptura partilhada com sucesso por outros países. A Eslováquia, cujas dimensões não são, por certo, as da China, tornou-se na literatura económica o «Tigre das Tatras» pelo facto de crescer a taxas... chinesas. Se a China tem um PIB cujo montante total ultrapassou em 2011 o do Japão, ela tinha, nesse mesmo ano, uma população dez vezes mais numerosa. E se então representava 25% da população mundial, só representava ainda 8% da produção global. Em todo o caso, a China tem especificidades no seu modelo de convergência. Retomou o fio de práticas antigas, as de uma política mercantilista que desemboca numa acumulação fenomenal de divisas.

Missão de espionagem industrial

Regressemos ao século VI. A moeda mundial de referência é o *bezante* de Constantinopla. O ouro vindo de todo o Império Romano conservado na sua versão oriental é transformado em moedas procuradas por todos e em toda parte. O *bezante*, herdeiro do *solidus* de Constantino, é a moeda internacional tal como hoje é o dólar. E os chineses têm em relação a ela um apetite particular. Como fazem para a obter? Construindo um excedente comercial com o Império (como hoje faz a China com os EUA). Esse excedente comercial assenta essencialmente num produto: a seda. Ao ponto de o nome latino de China ser *Serica*, o que significa «o país da seda». Esta chega através da célebre «rota da seda», que parte de Xian, a capital chinesa, e chega a Antioquia, então uma das principais cidades do Império. As quantidades de seda vendidas pelos chineses aos bizantinos são tais que ameaçam esvaziar o Império Romano do Oriente da sua substância monetária. Tanto mais que entre a China e o Império Romano do Oriente está a Pérsia, que recebe, de passagem, enormes direitos aduaneiros. Tudo isso leva a que o Senado de Constantinopla se inquiete com a situação.

Numa primeira fase, e em conformidade com uma sociedade profundamente religiosa, apela-se ao bispo de Constantinopla e ao papa. Estes sustentam que a modéstia natural do cristão deve levá-lo a não usar roupa luxuosa e portanto a limitar o uso da seda (o mesmo estratagema de apelo à moral dos responsáveis municipais de Haifa e os promotores do «made in Germany»...).

Depois organiza-se um encontro com os chineses para lhes propor um reequilíbrio das relações comerciais entre os dois impérios. O contacto é difícil de estabelecer, tanto mais que os persas tentam impedi-lo. Por fim tem lugar no Ceilão. A descrição do encontro releva provavelmente da lenda. Seja como for, é instrutiva pelo que nos dá a saber do estado de espírito da época. No encontro, os chineses mostram-se abertos e perguntam aos bizantinos o que é que estes têm para lhes vender. Os bizantinos dão-lhes a provar azeite. Os chineses, sempre interessados em inovações gastronómicas, ficam seduzidos; e propõem aos bizantinos comprar-lhes... oliveiras para eles próprios fabricarem azeite...

Agastado, Justiniano, imperador bizantino, põe em marcha em 552 uma expedição de espionagem industrial para se apropriar das técnicas de produção da seda e não ter de se aprovisionar no Império do Meio. A equipa enviada à China parte munida de engenhocas dignas dos melhores filmes de James Bond. Dirige-a um bispo, cujo báculo, em bambu, é oco: por isso poderá transportar os bichos-da-seda que os bizantinos roubam, quando lá chegam. Quando regressam, a polícia chinesa, desconfiada e com razão, bloqueia-lhes a fronteira durante cerca de um mês, mas não lhe ocorre a ideia de procurar bichos roubados e metidos num báculo de bispo. É assim que começa a cultura da seda na Europa: em Constantinopla primeiro, depois no Peloponeso, baptizado na Idade Média com o nome de Moreia, pois a região está coberta de amoreiras, depois em Itália e, a partir do século XVII, em Lyon ([51]).

O «perigo amarelo»

Essa vontade de açambarcar todas as técnicas, que leva os chineses do século VI a querer produzir azeite, veio a dar no

---

([51]) Este episódio é relatado com mais detalhe nas histórias do Império Bizantino. Edward Gibbon, na sua célebre *História do Declínio e Queda do Império Romano*, faz dela um exemplo da perda de sentido moral dos bizantinos e muito em particular de Justiniano, que ele culpa...

século XIX a expressão «perigo amarelo». Foi Jacques Novicow (1849-1912), um economista franco-russo, quem, para ridicularizar os proteccionistas, começa a utilizá-la. Usa a expressão no título de um texto famoso que começa assim: «O "perigo amarelo" é assinalado em toda a parte». Argumentando que o homem é igual em toda a parte e, portanto, deseja enriquecer, Novicow prossegue: «Caminhamos para o equilíbrio económico (...). Virá o dia em que um asiático terá um salário idêntico a um europeu».

Mas o seu argumento mais convincente é o último:

> Sendo o aperfeiçoamento dos equipamentos considerado um bem, porque embaratece a produção, porque seria o salário dos chineses, que leva ao mesmo resultado, considerado um mal? (...) Ora, a experiência das nações industriais mostra de maneira irrefutável que a sua prosperidade está na razão directa do aperfeiçoamento dos equipamentos e portanto o barato do salário dos asiáticos, tendo um mesmo resultado, é também um bem e não um mal. Em última análise, o baixo salário asiático tem por resultado uma diminuição do preço dos produtos. Ora, todos os homens afirmam quotidianamente em uníssono que o ser barato é um bem e a carestia um mal. Só os doutrinários e os pessimistas não concordam».

O proteccionismo leva à baixa do poder de compra e desde 1887 que isso vem sendo lembrado, simples mas firmemente...

Conclusão

Os comentários dos actuais dirigentes sobre o proteccionismo são variados e muitas vezes ambíguos. Em 29 de Julho de 2008 os membros da Organização Mundial do Comércio (OMC) reunidos em Genebra não conseguiram chegar a acordo sobre uma conclusão positiva da ronda de Doha. Essa ronda de negociações comerciais, iniciada em 2001, devia ser encerrada em três anos. Em 2006, Pascal Lamy, o director da OMC, fala pela primeira vez claramente em fracasso. E de relançamentos vãos em concessões vãs chega-se a um novo impasse em Julho de 2008. Oficialmente toda a gente se mostra decepcionada, de modo que em Novembro de 2008, no G20 de Washington, há unanimidade em torno da necessidade de se retomarem as negociações. Nesse mesmo G20 os participantes assumem, de resto, solenemente o compromisso de afastar todo o proteccionismo. Mas seis meses depois, quando se encontram em Londres para fazer o balanço da situação, tinham sobre a mesa um relatório circunstanciado do Banco Mundial, acusando 17 deles de ter recorrido entre Novembro de 2007 e Março de 2008 a medidas protecionistas.

Por detrás destas voltas e reviravoltas sucessivas reconhecemos todos os equívocos da globalização e das posições dos diversos parceiros comerciais a respeito do comércio livre. Mesmo quando os dirigentes reafirmam de cimeira em cimeira a sua opção por um mundo aberto e a convicção de que um encerramento de fronteiras teria um efeito devastador como foi o caso durante os anos 30, as tentações proteccionistas são frequentes.

Nos EUA, o inconsciente colectivo retém a memória do crescimento do fim do século XIX, período em que, a partir da administração Grant, os direitos aduaneiros, que deveriam fornecer os meios para o reembolso da dívida saída da Guerra de Secessão, deram à indústria a certeza de não estar sujeita à concorrência externa.

Na Europa a nostalgia do proteccionismo apoia-se estranhamente numa inversão falaciosa das ideias dos «pais fundadores». Os signatários do Tratado de Roma adoptaram o princípio da preferência comunitária. Hoje vários partidos fundam o seu eurocepticismo na invocação desse princípio, procurando atribuir ao proteccionismo um prestígio e uma caução que Jean Monet, que se definia como um «anti-Méline» ([52]), lhe teria certamente recusado.

([52]) Do nome de Jules Méline, ministro da Agricultura da III República, que pôs termo em 1892 ao comércio livre, desejado por Napoleão III e consagrado pelo tratado de 1860.

Na prática, o proteccionismo antigo na forma de introdução de direitos aduaneiros elevados perdeu o seu sentido. Mas são possíveis fórmulas novas para o proteccionismo. O proteccionismo das normas, por exemplo, que consiste em recusar a venda de um bem num determinado país, com o pretexto de que é perigoso. Ou aquilo a que Dominique de Villepin chamava, quando era primeiro-ministro, «patriotismo económico», retomando, sem o saber, uma formulação de Alphonse Allais. Assim, não se deve esquecer que originalmente a fusão do grupo Suez com a GDF (Gaz de France) em França foi concebida como um meio astucioso de impedir a eléctrica Enel italiana de lançar uma OPA sobre o primeiro. Quanto aos americanos, impediram em 2006 que os portos de Baltimore, Filadélfia e Nova Iorque fossem comprados por interesses do Dubai, oposição concretizada em 2007 por uma lei que especifica que «qualquer compra ou instalação de empresa nos EUA por fundos estrangeiros podem ser proibidos, desde que ponham em causa a segurança nacional».

Vê-se bem como os princípios são livre-cambistas e as práticas tendencialmente proteccionistas. Ninguém pode sair vencedor de uma guerra comercial e de uma generalização do proteccionismo. E, porém, raros são aqueles que estão totalmente convencidos disso. Por ser vivido por alguns como uma solução, o proteccionismo tornou-se uma ameaça.

Bibliografia

Paul Bairoch, *Mythes et paradoxes de l'histoire économique*, La Découverte, 2005.

Friederich List, *Système national d'économie politique*, Gallimard, «Tel», 1998.

David Ricardo, *Principes de l'economie politique et de l'impôt*, Flammarion, «GF nº 663», 1999.

LIÇÃO 8

ACABAR COM AS GUERRAS MONETÁRIAS

O proteccionismo na sua versão mais básica, a de um aumento dos direitos alfandegários, foi outrora teorizado e utilizado na prática em períodos de câmbio fixo. Ora, hoje os câmbios são flutuantes. Isso significa que em muito pouco tempo a baixa de uma divisa é susceptível de apagar o impacto de um direito aduaneiro sobre o preço facturado ao consumidor. E, porém, entre as críticas que se faz aos chineses surge a de que eles mantêm uma taxa de câmbio subavaliada. Devemos perguntar-nos o que significa viver num mundo onde os câmbios são flutuantes.

A história monetária segundo o prisma do triângulo de Mundell

Podemos datar pelo Bank Charter Act inglês de 1844 o começo dos mecanismos monetários contemporâneos, aqueles que regem as relações monetárias internacionais. Ao organizar a cobertura em ouro da libra, essa lei permitiu à divisa inglesa tornar-se na moeda da Revolução Industrial e ser reconhecida internacionalmente, servir de meio de transacção, de expressão do preço e de facturação.

Desde 1844, o mundo realizou uma espécie de percurso completo, experimentando todas as possibilidades oferecidas pelo triângulo de incompatibilidades de Robert Mundell. Já nos cruzámos com ele pelo lado de Banguecoque num capítulo precedente. Recordemos que segundo esse triângulo há três tipos de sistema monetário possíveis, cada um deles jogando com a liberdade de circulação de capitais, a autonomia da política monetária e a existência de uma grelha estável de paridades, e cada um deles sofrendo, em face de cada um desses três elementos, de um impedimento particular.

PRIMEIRA FASE: PADRÃO-OURO, CÂMBIOS FIXOS E LIBERDADE DE CIRCULAÇÃO DE CAPITAIS

Podemos assim ter câmbios fixos associados à liberdade de circulação de capitais. Era o caso durante o período em que a Inglaterra dominou o mundo. Ela impôs um sistema de padrão-ouro. Nesse sistema cada país perde a autonomia da sua política monetária e deve ter a mesma inflação que os seus parceiros. Um país em inflação entra rapidamente em défice externo. Perde uma parte do seu ouro. Isso contrai a sua massa monetária, o que conduz à deflação. A Grã-Bretanha aceitou essas regras, impôs-se e impôs aos outros a experiência da deflação. E a libra tornou-se a moeda de referência. Era um ouro ainda mais interessante do que o próprio ouro: um ouro-papel que se podia aplicar. As libras espalharam-se ao ritmo dos investimentos britânicos. Esse sistema viveu em plena pureza até Janeiro de 1915, data na qual a guerra que se eternizava levou Londres a suspender formalmente a convertibilidade em ouro da libra. Depois de 1918 a Sociedade das Nações (antecessora das Nações Unidas) pediu ao sueco Gustav Cassel um relatório sobre a perenização do ouro.

SEGUNDA FASE: CÂMBIOS FIXOS E POLÍTICA MONETÁRIA AUTÓNOMA

Cassel sugere que se mantenham os câmbios fixos, mas ajustáveis às paridades de poder de compra (PPC ([53])) e que se devolva a cada banco central a liberdade da sua política monetária. É mais ou menos isso que é consagrado na Conferência de Génova de 1922, que substitui o padrão-ouro por um padrão-câmbio-ouro assente na libra e no dólar. A lógica das incompatibilidades de Mundell leva a que a liberdade de circulação de capitais seja sacrificada nas recomendações de Cassel. Da Conferência de Génova de 1922 à de Bretton Woods, em 1944, bem se pôde condenar o controlo dos câmbios que eles nem por isso deixaram de ser inevitáveis. E acabaram por tornar-se um problema para o crescimento mundial. O período que vai de 1923 a 1976, ano em que se consagra o abandono do ouro, foi o da segunda combinação mundelliana, minada pela restrição à circulação de capitais. É marcada pela substituição da libra pelo dólar. Três personagens desempenham um papel-chave durante esse período e nessa passagem de testemunho.

O primeiro é o americano Benjamin Strong. Nasceu em 22 de Dezembro de 1872. Depois de estudos de Direito e Economia, entra no mundo bancário. A crise financeira e económica de 1907, que se traduz por uma quebra de 50% nas cotações da Bolsa de Nova Iorque e por uma contracção da actividade económica americana de 10%, incita esse mundo bancário e prin-

---

([53]) A taxa de câmbio que assegura o equilíbrio de um sistema de câmbio fixo a longo prazo é o que se chama a taxa da paridade do poder de compra. É a taxa que dá a cada objecto em toda a parte do mundo o mesmo preço. A revista inglesa *The Economist* serve-se dessa lógica para calcular a taxa de câmbio normal de uma divisa com base no que chama Índice Big Mac. De que se trata? Olha-se para o preço do Big Mac, o hambúrguer de referência da McDonald's, e considera-se que o seu preço deve ser igual em toda a parte. Se vale 6 dólares em Nova Iorque e 3 euros em Frankfurt isso significa que a taxa de câmbio é 1 euro = 2 dólares.

cipalmente o célebre John Pierpont Morgan a interrogarem-se sobre a necessidade de se criar um banco central nos EUA.

Com efeito, no início do século XX os EUA já não têm um banco central, pois o presidente Andrew Jackson decidira a sua extinção em 1832. Strong organiza uma reflexão sobre a futura Reserva Federal, que nasce em Dezembro de 1913. À época, o presidente é Wilson e o seu conselheiro económico Carter Glass. A nova Reserva Federal é uma federação de 12 instâncias bancárias regionais. Só em 1935 é que a Reserva Federal se torna um verdadeiro órgão de decisão. E entre estes 12 bancos centrais regionais, o mais poderoso é o de Nova Iorque. É este que Benjamin Strong passa a dirigir na primavera de 1914.

Imediatamente, ele define claramente os seus três objectivos: assumir em primeiro lugar plenamente o papel de prestamista de última instância para que o sistema bancário não volte a cair, levado pelos excessos da especulação. Esse papel de prestamista de última instância, ele estende-o à dívida pública, de modo que ele financia sem problemas o esforço de guerra dos americanos a partir de 1917. Depois, regular o crédito e a criação de moeda pela gestão da taxa de desconto, para evitar que os bancos, seguros de não falirem, se entreguem a políticas imprudentes de criação monetária. Por fim, garantir a confiança no dólar, assegurando um preço fixo do ouro. No final da guerra os preços nos EUA haviam duplicado por comparação com meados de 1916. Strong negocia então com a administração Harding, o sucessor de Wilson eleito em 1920, a aplicação de uma política de deflação, tanto no plano orçamental como no plano monetário. Além disso toma a iniciativa de reunir conferências internacionais entre europeus e americanos para estabilizar as taxas de câmbio. A sua competência é tal que leva alguns a dizer que se ele estivesse vivo em 1929 teria evitado a crise. Mas já não estava, pois morrera de tuberculose em 18 de Outubro de 1928.

O segundo homem-chave desse período de transição é o inglês Montagu Norman, o governador do Banco de Inglaterra entre as guerras. Nasceu em 6 de Setembro de 1871 numa família de banqueiros. A sua vida desenrola-se segundo um padrão clássico para um membro da *gentry*: estudos em Eton, depois Cambridge; serviço militar na África do Sul durante a segunda Guerra dos Boers; diferentes cargos em estabelecimentos da City; recrutamento pelo Banco de Inglaterra em 1907, do qual se torna governador em 1920. Aí permanece até 1944, tendo estabelecido até hoje um recorde de longevidade.

Quando Norman assume funções, as suas convicções estão muito estabelecidas: depois da vitória sobre Napoleão, a convertibilidade em ouro da libra fora restabelecida em 1819, isto é, quatro anos após o fim das hostilidades. É preciso agora fazer o mesmo e no mesmo prazo. Norman conduz uma política monetária deflacionária, que lhe permite na Primavera de 1925 impor a Winston Churchill, então chanceler do Tesouro, o regresso à paridade da libra anterior a 1915. «Impor» é a palavra, pois Churchill hesita, apontando o dedo ao desemprego elevado – 1 250 000 pessoas – de que sofre a Grã-Bretanha quando os EUA estão em plena *prosperity*. Norman, porém, não tem a mais pequena dúvida. E, porém, as coisas vão correr-lhe de mal a pior. Keynes esmaga-o com críticas, denunciando a sobreavaliação da libra. Os franceses, que além do mais Norman detesta, desvalorizam em 1928 o franco em 80%, acentuando os efeitos dessa sobreavaliação. A crise de 1929 completa o desequilíbrio do comércio exterior britânico. Instala-se a desconfiança e de Janeiro a Julho de 1931 o Banco de Inglaterra tem de desencaixar 20% do seu ouro.

Norman, depois de ter visto recusado o apoio de um empréstimo por parte do Banco de França, o que reforça o seu ódio aos franceses, cai em depressão. A 21 de Setembro de 1931 toma nota, sem reagir, da decisão do governo de libertar o Banco de Inglaterra da sua obrigação de fornecer ouro por troca das suas notas. No mercado cambial, a libra, tornada flutuante, afunda-se. Em dois meses passa de 4,86 a 3,25 dólares. Em Outubro de 1931, o *The Economist* titula: «É o fim de uma época». E, de facto, depois do padrão-ouro é a vez de o comércio livre, outro símbolo da política económica britânica do século XIX, ser afastado. Em Agosto de 1932, em Otava, a Commonwealth adopta o muito proteccionista «princípio da preferência imperial». Na sequência, os EUA apropriam-se da supremacia monetária. Mas o estatuto do ouro está afectado e se ele ganha ainda assim um prazo de sobrevida será apenas de quarenta anos. Quanto a Norman, vive o fim do padrão-ouro como um drama pessoal. Pouco tempo antes da sua morte em Fevereiro de 1950, declara que depois de 1931 deixara de ter referências. O seu desespero é tal que acaba por se entregar a excentricidades ridículas: por exemplo, em 1933, casa-se!

O terceiro homem-chave é quem vai concretizar a supremacia monetária americana. Trata-se de Harry Dexter White. Fala-se a propósito das reuniões sucessivas do G20 de realizar um novo Bretton Woods. E logo toda gente se lembra do papel desempenhado por Keynes nesse evento. Porém, se em Julho de 1944 Keynes chega como vedeta a essa pequena cidade do New Hampshire onde estão reunidos 44 países para reconstruir o sistema monetário internacional, quem vai imprimir a sua marca na conferência é o americano Harry Dexter White. No papel, a delegação dos EUA é chefiada pelo secretário do Tesouro de Roosevelt, Henry Morgenthau, mas na prática é White, o seu adjunto, que conduz os debates.

White nasceu em Boston em 9 de Outubro de 1892, numa família oriunda da Lituânia. Os seus estudos são laboriosos e só obtém o doutoramento em Economia em 1930. Este versa sobre a economia francesa entre 1875 e 1913, prova de uma ligação à França que ele manifestará em Bretton Woods, valorizando o delegado francês. É preciso dizer que este tem uma certa distinção e uma forte personalidade, pois trata-se de Pierre Mendès France.

Depois de uma curta passagem como professor no Wisconsin, White entra no Tesouro em 1934 para dirigir a sua equipa de investigadores. Concentra as suas pesquisas no sistema monetário internacional. O seu objectivo é conceber um mecanismo à altura de assegurar o equilíbrio da balança corrente, como o faz o padrão-ouro, evitando ao mesmo tempo o enviesamento deflacionista deste último. Sensível às evoluções teóricas do seu tempo, White afirma-se keynesiano na política económica interna, ao contrário do seu chefe Morgenthau, a quem as ideias e a personagem de Keynes exasperam. Mas, em matéria de economia internacional, permanece fiel aos trabalhos de Gustav Cassel. A conclusão de White é a de que a longo prazo o equilíbrio monetário mundial só pode assentar numa grelha de taxas de câmbio fundadas em PPC. Propõe, além disso, eliminar eventuais desequilíbrios correntes pela desvalorização das divisas dos países deficitários. Isso permitirá baixar os preços das suas exportações sem infligir internamente uma baixa dos preços e dos salários.

É munido destas ideias que ele enfrenta Keynes. Este quer desfazer-se do ouro, que equipara à deflação. Propõe-se criar um banco dos bancos centrais, que se chamaria União Internacional de Compensação, gerindo uma moeda de conta internacional – o Bancor – e fornecendo aos países em défice os fundos necessários ao seu ajustamento. Precisa que terão de estar à cabeça deste banco «expansionistas imaginativos» em vez de «banqueiros prudentes»...

White não cede: mantém o princípio dos câmbios fixos e ajustáveis ancorados no ouro. Esse sistema parece-lhe viável sob três condições: primeiro, que os ajustamentos de paridade sejam negociados; depois, que seja criado um Fundo Monetário Internacional (o FMI), encarregado de emprestar aos países carenciados de divisas, por meio da aceitação de uma política de redução da procura interna; por fim, que seja criado simultaneamente um banco – o Banco Mundial – que favoreça a convergência das economias e dos níveis de vida, pelo financiamento de projectos de longo prazo. Ganha White: o seu dispositivo rege as economias ocidentais entre 1945 e 1976. Mas, gangrenado pela inflação, ele encadeia desvalorização atrás de desvalorização, até que os EUA decidem suspender a convertibilidade do dólar em ouro, em Agosto de 1971, impondo depois, em 1973, os câmbios flutuantes.

White já quase não vê a sua obra a funcionar, pois desaparece em 16 de Agosto de 1948. Atraído pelo comunismo, é um informador ocasional mas fiel dos serviços secretos soviéticos. Denunciado ao FBI pela trânsfuga Elisabeth Bentley, é objecto de investigações cada vez mais pressionantes. A sua saúde ressente-se e morre prematuramente. Ironia da história, o sistema monetário que presidiu aos grandiosos anos de crescimento do capitalismo foi concebido por um admirador confesso da experiência soviética.

TERCEIRA FASE: PADRÃO-DÓLAR E CÂMBIOS FLUTUANTES, AUTONOMIA DA POLÍTICA MONETÁRIA, LIBERDADE DE CIRCULAÇÃO DE CAPITAIS

Londres, 1976. O governo do trabalhista Harold Wilson não pode reembolsar as «balances sterling», as libras detidas pelos bancos centrais de outros países. É preciso acorrer ao FMI para ajudar a resgatá-las. Revelando que nasceu em 1916, Wilson anuncia que, como todos os partidos socialistas europeus, é favorável à aposentação aos 60 anos e retira-se. Escapa assim à gestão do drama simbólico da chegada do FMI, que proclama o apagamento da antiga potência dominante da economia mundial, que tinha feito do ouro o centro do sistema. E é nesse mesmo ano de 1976, na cimeira do FMI na Jamaica, que o ouro, presente nas relações económicas internacionais desde Creso, faz a vénia e sai.

Os Estados Unidos escolhem então a terceira combinação mundelliana, a dos câmbios flutuantes. Traz a liberdade de circulação de capitais e a autonomia de cada país na condução da sua política monetária. Os bancos centrais deixam de estar obrigados pelo ouro e as suas regras, pelos câmbios fixos e as ameaças de desvalorização. Só a inflação os preocupa. Ora, ela própria tende a desaparecer, pois todo o desequilíbrio entre a oferta e a procura se resolve pelo défice externo. Défice indolor para aqueles que emitem a moeda mundial, isto é, dólares... Para os outros, em contrapartida, esses défices terminam em crises de endividamento. E de facto o endividamento é a falha última do sistema americano, como a deflação era a do sistema inglês. A guerra de 1914 matou o padrão-ouro, a globalização dos anos 60 impôs o fim do controlo dos câmbios, a crise de 2009 estigmatiza os problemas levantados pelos câmbios flutuantes.

O privilégio exorbitante

Esses problemas foram descritos desde os anos 60 por Robert Triffin.

Nascido em 5 de Outubro de 1911 na Bélgica, Triffin faz estudos de Direito e depois de Economia em Lovaina. Conclui--os com um doutoramento em Harvard, em 1938, e torna-se, em seguida, professor nos EUA. Volta à Europa em 1948 como representante do FMI.

Da sua análise dos problemas monetários nasce o «dilema de Triffin». Ele parte do papel do ouro. No século XIX este servia de contrapartida da moeda fiduciária. Progressivamente, os bancos centrais puseram, face à dívida pública, notas em circulação e usaram o ouro para saldar os défices correntes. Como a circulação física do ouro é complicada, o que na prática serve o comércio internacional são os títulos denominados na divisa do país dominante, primeiro a libra, depois o dólar. Daí o dilema: por fornecer os meios de pagamento necessários à expansão do comércio internacional, o país dominante deve exportar a sua moeda através de um défice externo. Mas então instala-se a suspeição a seu respeito. Os outros países reclamam-lhe ouro, esvaziando-o da sua substância monetária (é assim que os EUA detinham 66% do ouro mundial em 1956, 38% em 1961 e 24% em 1971, na véspera do fim da convertibilidade do dólar).

A recusa de alimentar um défice externo por parte do país dominante é o outro lado do problema. Conserva o seu ouro, mas o comércio mundial é refreado por falta de moeda. Triffin vê duas soluções: a criação de uma moeda mundial gerida pelo FMI; o abandono por parte do país dominante de qualquer referência para a sua moeda. Não tendo esta possibilidade de ser trocada, deixa de estar ameaçada. Triffin defende a primeira, mas tem de constatar que os Estados Unidos escolhem a segunda: saída do ouro e, com ela, acaba qualquer restrição à emissão de dólares. É o «privilégio exorbitante» dos Estados Unidos, que lhes permite viver acima dos seus meios, legitimando a sua indisciplina externa pelas necessidades de crescimento do comércio internacional... Triffin fala da substituição do sistema monetário internacional por um «escândalo monetário internacional». Esse escândalo desaparecerá, dizia ele, quando o «sistema monetário europeu» se tornar um «sucesso monetário europeu», sucesso que os americanos procurarão evidentemente impedir. Morrendo em 23 de Fevereiro de 1993, Triffin teve a alegria de assistir à adopção do Tratado de Maastricht. Alexandre Lamfalussy, que levou o euro à pia baptismal, preside hoje a uma «fundação internacional Robert Triffin», cujo objectivo é prolongar a sua obra, reflectindo sobre um novo sistema monetário internacional concebido, não sobre a quantidade de moeda em circulação, mas sobre a sua qualidade.

Não há rival para o dólar

Antigo presidente da Reserva Federal e depois conselheiro económico do presidente Obama, Paul Volcker não dissimula: tudo deve ser feito para que, apesar das esperanças de Triffin, o euro não possa tornar-se um rival do dólar. Discurso lógico para alguém que começou a sua carreira na administração Kennedy às ordens de Robert Roosa, cujo nome está associado à afirmação da supremacia do dólar e à crónica da morte anunciada do ouro.

Robert Roosa nasce em 21 de Junho de 1918, no Michigan. Obtém o seu doutoramento em Economia em 1942 e parte imediatamente para a Europa em guerra. É desmobilizado em 1946 e entra no gabinete de estudos económicos da filial nova-iorquina da Reserva Federal. Em 1961 torna-se subsecretário do Tesouro. À época a balança corrente norte-americana está equilibrada, mas os movimentos de capitais de longo prazo são deficitários. Com efeito, as empresas dos EUA multiplicam os investimentos no estrangeiro, essencialmente na Europa. Os dólares saem do país, não, como hoje, para garantir o consumo dos americanos, mas para beneficiar do trabalho europeu, então simultaneamente de boa qualidade e pouco caro. Resultado, enquanto em 1950 o *stock* de ouro americano era sete vezes as reservas em dólares dos bancos centrais estrangeiros, em 1960 já só as cobrem à justa.

Roosa pega o touro pelos cornos. Afirma que o problema não vem dos Estados Unidos – é bom para todo o mundo que as empresas americanas elevem o nível de vida mundial – mas de países que se recusam a partilhar o seu crescimento acumulando excedentes externos, essencialmente a Alemanha e o Japão. Impõe, pois, uma revalorização do marco de 5% e reclama planos de relançamento orçamental na Alemanha e no Japão. Organiza, depois, o *pool* de ouro, mecanismo de mutualização das reservas de ouro dos principais bancos centrais para barrar eventuais movimentos especulativos. Por fim, inventa as «obrigações Roosa». Trata-se de Obrigações do Tesouro americanas propostas à compra pelos bancos centrais que acumularam reservas em dólares. Os títulos não são negociáveis, mas oferecem duas vantagens: uma taxa superior às praticadas nos mercados obrigacionistas normais; juros pagos na moeda do país subscritor, o que os protege contra qualquer desvalorização do dólar ou contra as consequências de uma revalorização da sua divisa.

Com efeito, Roosa tem duas ideias fundamentais sobre o sistema monetário internacional, que repetirá, depois, sistematicamente: o sistema deve ter por base uma referência, pois um sistema de câmbios flutuantes penaliza o crescimento, pela incerteza permanente que alimenta; a referência deve ser o dólar, pois é a divisa da primeira potência económica e política do planeta. Quando deixa as suas funções ministeriais para uma carreira de banqueiro em 1965, o *stock* de ouro americano já não cobre mais do que 85% dos dólares dos bancos centrais. Mas quando morre em Dezembro de 1993 parece ter ganho: os acordos da Jamaica expulsaram o ouro; os acordos do Louvre de Fevereiro de 1987 ([54]) orientaram-se para pôr o dólar no centro de um sistema enquadrado de câmbios flutuantes.

Voltar ao ouro?

Hoje toda a gente esqueceu os acordos do Louvre. O mundo vive num padrão-dólar sem regra, um padrão de dimensão variável por efeito dos câmbios flutuantes. Resultado, cada vez mais economistas e dirigentes políticos perguntam-se se não vai ser necessário voltar atrás. Tendo percorrido todo o perímetro do triângulo de Mundell, não poderíamos nós, para pôr termo ao «escândalo monetário internacional», voltar ao ponto de partida: o ouro? Se alguns o sugerem, o mais ilustre argumento a favor do ouro continua a ser a conferência de imprensa do general de Gaulle de Fevereiro de 1965 ([55]), na altura em que Roosa se retira. Inspirada por Jacques Rueff, com quem já nos cruzámos (lição 5), a declaração do general começa por evocar a história monetária desde a Conferência de Génova de 1922, que conferiu um estatuto de favor à libra e ao dólar. Fala da aplicação de um «Gold Exchange Standard»,

---

[54] Estes acordos são assinados em Paris nos locais onde estava instalado o Ministério das Finanças, então na Rua Rivoli. O seu objectivo era o de tentar limitar as flutuações das taxas de câmbio, permanecendo no quadro de um sistema de câmbios flutuantes.

[55] Encontra-se essa conferência de imprensa na íntegra em forma audiovisual e em transcrição no *site* do INA.

quer dizer, na prática de um padrão-dólar em última instância tendo como referência o ouro. Mas nesse ano de 1965 De Gaulle verifica:

> Porém, o [Gold Exchange Standard] já não parece hoje estar conforme às realidades (...). As moedas dos Estados da Europa Ocidental estão hoje restauradas, a tal ponto que as reservas de ouro dos Seis equivalem hoje às dos americanos. Ultrapassá-las-iam mesmo se os Seis decidissem transformar em metal precioso todos os dólares que têm à sua conta. Quer dizer que a convenção que atribui ao dólar um valor transcendente como moeda internacional já não se baseia na sua base inicial, a saber, a posse pela América da maior parte do ouro do mundo.

É preciso pois mudar de base. E para definir a nova base em questão, de Gaulle precisa:

> Que base? Na verdade, não se vê a este respeito que possa haver outro critério, outro padrão que não o ouro. Exactamente! O ouro que não muda de natureza, que se coloca, indiferentemente, em barras, em lingotes ou em moedas, que não tem nacionalidade, que é tido, eterna e universalmente, como valor inalterável e fiduciário por excelência.

Como reagem os americanos a esse discurso, que pede o afastamento do dólar e o regresso ao ouro, nas modalidades do século XIX? Com agastamento. Tanto mais que, concretizando as suas ameaças, de Gaulle exige que as reservas em dólares do Banco de França sejam convertidas em ouro. Lyndon Johnson, presidente dos EUA, transmite então ao embaixador dos Estados Unidos em Paris a instrução de perguntar a de Gaulle se tem bem consciência de que o ouro não se come e não serve para nada!

De Gaulle, o novo Midas? Todavia as pressões francesas cessam depois de Maio de 1968. Alguns comentadores gozarão, dizendo que, sem o saber, Daniel Cohn-Bendit deu três anos de adiamento ao ouro, tendo Nixon finalmente suprimido a convertibilidade do dólar em Agosto de 1971...

Guerra monetária e desvalorização

A nostalgia do ouro é uma nostalgia da estabilidade e da previsibilidade. Há também nostalgias «casselianas», em que um sistema de câmbios fixos poderia de tempos a tempos ser corrigido por desvalorizações. Tornou-se de bom tom entre os que criticam o euro incensar o Sistema Monetário Europeu (SME), sistema de câmbio fixo que precedeu a criação do euro e vivia ao ritmo dos reajustamentos de paridade. Esses reajustamentos eram assim tão felizes?

Setembro de 1992: desencadeia-se a especulação contra algumas moedas do SME, designadamente a libra esterlina. Os especuladores obtêm emprestadas libras em quantidades enormes que trocam por marcos alemães (DM), esperando assim forçar as autoridades monetárias europeias a desvalorizarem a moeda inglesa. Aposta arriscada e normalmente perdida de antemão, pois acordos específicos, assinados em Nyborg, na Dinamarca, em 1986, obrigam o Bundesbank a recomprar libras para barrar essa especulação ou, pelo menos, a emprestar marcos alemães ao Banco de Inglaterra para o fazer.

Ora, apesar desses acordos o Bundesbank recusa-se. Abandona a divisa britânica e precipita a sua expulsão do SME. E de passagem faz a fama e a fortuna de George Soros. Desde aí, este faz figura de guru da economia, quando foi sobretudo um intérprete hábil das dissensões políticas europeias. No papel, se os alemães tivessem feito o seu trabalho, a libra não teria deixado o SME e Soros teria ficado arruinado. O que fez a sua força foi ter visto que os alemães nada fariam pelos ingleses. Este episódio confirma que as relações monetárias internacionais são, como todos os elementos da diplomacia, relações de força em que nem tudo se reduz a aspectos técnicos.

Componente privilegiada das relações monetárias exteriores, a taxa de câmbio é uma arma. E uma arma que corta para os dois lados.

A libra deixa pois o SME. É imediatamente desvalorizada em 6%, depois continua a deslizar face ao ecu, o *pivot* do SME, e a desvalorização final atinge 30%. Lufada de oxigénio bem--vinda? O impacto sobre a economia britânica é múltiplo. A taxa de inflação, que era de 0,4% em 1992, sobe para 7% em 1995. A balança corrente melhora entre 1992 e 1994 (passa de um défice de -0,3% do PIB a um excedente de 0,1%), depois deteriora-se sob o efeito da inflação. O crescimento relança--se (negativo em -0,5% em 1992, atinge 4% em 1994, depois abranda em 1995 para 2,5%). A situação orçamental melhora por efeito do crescimento (o défice é de 6,3% em 1992, 7,8% em 1993, 6,8% em 1994 e 5,6% em 1995). A desvalorização deu um ganho ao PIB de 0,8 pontos percentuais em 1993 e 1994, mas segundo diferentes autores deveria ter sido nula em 1995. A população britânica perdeu de facto poder de compra.

A desvalorização é um corte de poder de compra da população de um país. Quando é imposta é porque se espera retirar com ela uma captação, ou mesmo, para ser mais preciso, uma predação do crescimento entre os parceiros comerciais. A desvalorização competitiva tem duas consequências: priva internamente a população de parte dos seus rendimentos; priva as populações exteriores de parte do seu emprego. A ideia de a ela recorrer de forma sistemática é, de resto, qualificada de «guerra monetária».

Depois de se instalar a crise de 1929, o responsável do Tesouro britânico, que se chamava Ralph Hawtrey e que havia teorizado o papel essencial do banco central como prestamista de última instância, pensava que era necessário evitar a deflação e a desvalorização. Militava por um entendimento entre os grandes países e por uma revalorização concertada do preço do ouro.

Os dirigentes franceses defendiam igualmente uma lógica de conservação do padrão-ouro e instituíram aquilo a que se chama o Bloco do Ouro, cujo objectivo era manter um câmbio fixo entre os seus membros para evitar as desvalorizações competitivas e desestabilizadoras. A Itália, que aderiu inicialmente ao Bloco, persuadiu-se rapidamente que os franceses, no seu rigor monetário ostensivo, sonhavam suplantar a libra e o dólar, e que o seu objectivo era menos o de consolidar a estabilidade do que o de conquistar a soberania monetária. Por fim, tudo se saldou por desvalorizações em série, acabando a França por ceder no Outono de 1936. Depois da guerra, um dos objectivos da Cimeira de Bretton Woods era o de nunca mais se permitir o regresso a tal situação. A obsessão de Harry Dexter White e dos negociadores de Bretton Woods em 1994 era a de construir um sistema monetário sem desvalorização, quer dizer, sem guerra...

Conclusão

A arma protecionista moderna mais temível é provavelmente a arma monetária. Consiste o seu uso em manipular tanto quanto possível a taxa de câmbio própria para modificar em profundidade a competitividade da economia e, portanto, a grelha internacional de vantagens comparativas. Toda a gente tem consciência dos inconvenientes ligados às flutuações brutais e descontroladas das taxas de câmbio. Alguns países decidiram pôr-lhes termo, seja por via de uniões monetárias, seja pelo estabelecimento de acordos cambiais. A união monetária de referência é a zona euro e ela atravessa turbulências bem pesadas. Os acordos de Louvre mudaram a referência, prevendo uma acção concertada dos bancos centrais para evitar demasiada volatilidade nas taxas de câmbio das principais moedas. Mas esses acordos foram letra morta, pois cada construção monetária estruturada que ameace o privilégio exorbitante do dólar esbarra na hostilidade surda e permanente de Washington.

Que há nisso de surpreendente, uma vez que esse sistema permite aos Estados Unidos viver acima das suas possibilidades? E, todavia, um dos problemas maiores da globalização reside na manutenção de um elevado défice externo americano e na forma como os EUA podem mitigar a sua falta de poupança e o seu consumo excessivo; desde logo, o desafio das políticas económicas futuras é o de encontrar formas para resolver os problemas que esse desequilíbrio suscita, que evitem o proteccionismo, designadamente o monetário. Ao lançar a ideia do G20, a França falava de «Bretton Woods 2», lembrando uma vez mais que o verdadeiro desafio para a economia mundial é a estabilização das cotações das moedas e o fim do «privilégio exorbitante» dos EUA.

Bibliografia

Christian de Boissieu, Denise Flouzat, *Économie contemporaine, les problèmes monétaires*, PUF, 2004.

Barry J. Eichengreen, *Un privilège exorbitant. Le déclin du dollar e l'avenir du système monétaire international* (*Exorbitant Privilege: The Rise and Fall of the Dollar and the Future of the International Monetary System*), Odile Jacob, 2011.

Jean Denizet, *Le Dollar, histoire du système monétaire international*, Fayard, 1985.

Jacques Rueff, *Le lancinant problème des balances de paiement*, Gallimard, 1965.

Mathilde Lemoine *et al.*, *Les Grandes Questions d'économie et de finance internationales*, De Boeck, 2012.

CONCLUSÃO

«Ao terminar, sinto a necessidade de dizer que se a economia política é incompatível com os projectos de inovação temerários, ela em nada reprova o espírito inovador. (...) Mas é preciso distinguir entre a inovação ligada à introdução de mudanças nos factos naturalmente mutáveis ou que desenvolve gradualmente a aplicação de grandes e salutares princípios e aquela que tem em vista mudar as coisas imutáveis. Quando Arquimedes dizia que se lhe dessem um ponto ele se encarregaria de mover o planeta, dava um aviso a todos os inovadores futuros. Também eles, para os movimentos em que meditam, necessitam de pontos fixos (...). Os programas inovadores que ignoram a propriedade, a família, a liberdade estão condenados a abortar. Nada conseguirão o zelo, o ardor e o talento dos prosélitos: são causas perdidas à partida. A diferença entre a economia política e os seus adversários é a mesma que há entre a realidade e a aparência, entre a verdade e a ficção, entre a história e o romance [56].»

Aquele que aqui termina é Michel Chevalier, com quem nos cruzámos enquanto signatário de um tratado de comércio livre com a Inglaterra em 1860. Estamos em Fevereiro de 1849 e o que ele termina é a sua lição inaugural no Collège de France onde ensinaria economia política. Uma economia que ele quer científica e não romântica. Di-lo com tanto mais firmeza quanto

---

[56] O texto integral desta lição, intitulada *L'Économie politique e le socialisme* (*A economia política e o socialismo*) está disponível no *site* da Biblioteca Nacional.

começou essa lição em Fevereiro de... 1848. A lição em questão foi interrompida por acontecimentos revolucionários e ele quis retomá-la um ano depois, exactamente no mesmo dia, como que para apagar um ano de entusiasmo, por certo, mas também de decepções e erros. Para evitar decepções e novos erros, não há como ver e compreender os erros que fizeram os nossos antepassados, para não os voltar a fazer. Foi o que modestamente tentámos fazer neste livro.

Em 1981, Jan Tinbergen, prémio Nobel da Economia e membro do Partido Trabalhista neerlandês, deu o seu apoio à candidatura de François Mitterrand. Mas não nos enganemos: Tinbergen, que equipara a economia à física, ao ponto de ter tido a escolha entre os dois prémios Nobel, não explicava o seu apoio pela pertinência do programa dos seus camaradas socialistas franceses. Tratava-se simplesmente, segundo as suas palavras, de fazer compreender que, apesar do que dizia a direita francesa à época, ela não tinha o monopólio da competência. Nas suas tomadas de posição, Timbergen aliás sempre insistiu no facto de os políticos se preocuparem principalmente com a próxima eleição, sendo a verdadeira missão dos economistas lembrar-lhes a existência da próxima geração. São pois menos as posições partidárias de curto prazo que importam, e mais o sentido de longo prazo, o da história.

Usemo-la sem abusar. É preciso compreendê-la sem a fetichizar, encontrar o justo meio entre a ignorância e referência anacrónica. Concluamos pois evocando Anthony Giddens, o sociólogo inglês que inspirou o Partido Trabalhista inglês dos anos de Blair. Segundo ele, as actuais mudanças são tão importantes como os começos da Revolução Industrial. São de três ordens:

– A primeira é a globalização;

– A segunda é a mudança tecnológica em torno das indústrias de informação (...);

– A terceira é a mudança de costumes. Não é comparável o destino das mulheres de outrora, que se casavam, educavam os filhos e levavam uma vida cujo conteúdo podiam prever desde do nascimento, ao das mulheres de hoje, que terão uma vida profissional de conteúdo continuamente evolutivo, uma vida afectiva caótica e não sabem se passarão os dias da velhice numa imensa solidão ou num quadro familiar estruturado ([57]).

Para Giddens, face a estas mudanças, dois escolhos são de evitar. O primeiro é o de cortar com a história, a pretexto de que o nosso mundo é radicalmente diferente daquele que conheceram os nossos antepassados. Mas o segundo é continuar – como se nada se tivesse passado – a termos por referência Marx, Weber ou os pensadores do século XIX. Escreve Giddens: «Apesar do respeito que tenho por estas grandes figuras e mesmo que certas ideias suas continuem pertinentes, nomeadamente as de Weber, é tempo de nos interessarmos pelo nosso mundo tal como ele é e não pelo deles, tal como eles o viram».

De facto, se adoptarmos os argumentos de Giddens podemos perguntar-nos, como ele, que sentido tem defender a classe operária quando ela já não existe, que sentido dar à palavra pobreza quando antes ela se identificava com a fome e hoje com a obesidade, que sentido há ainda em exigir mais ao Estado quando este absorve já mais de 50% da riqueza nacional, ou em falar de nacionalismo quando os países modernos já não são mais do que justaposições de comunidades étnico-religiosas...

Manejar a história é indispensável, mas delicado. É preciso abordá-la afirmando que a citação a reter é tanto *«nihil novi sub sole»*, que propusemos na introdução, quanto deve ser para um homem e para a sociedade *«nosce te ipsum»* ([58]).

---

[57] *Les Conséquences de la modernité*, L'harmattan, 2000.
[58] «Nada de novo sob o Sol» e «Conhece-te a ti próprio».

Bibliografia

Jean Charles Asselain, *Histoire économique de la France*, Seuil, «Points», 1984.
Paul Bairoch, *Victoires et déboires*, Gallimard, «Folio», 1997.
Fernand Braudel, *Civilization, économie et capitalisme*, Le Livre de poche, 1993.
Daniel Cohen, *La Prosperité du vice*, Le Livre de poche, 2011.
Yves Crozet e Maurice Niveau, *Histoire des faits économiques*, PUF, 2010.
Arnold Toynbee, *La Grande Aventure de l'humanité* (*Mankind and Mother Earth: A Narrative History of the World*), Payot, 1994.

TAMBÉM NA ACTUAL

Desta vez é Diferente. Oito Séculos de Loucura Financeira
Kenneth Rogoff & Carmen Reinhart
9789896940430 | € 22,00 | 550 pp

Com base numa vasta quantidade de informação compilada numa imensa base de dados (os dados abrangem a África, a Ásia, a Europa, a América Latina, a América do Norte e a Oceania, cobrem 66 países ao todo e incluem ainda dados específicos para muitos outros), os autores puderam analisar, de uma forma mais ampla e de longa duração, os diversos episódios de vários tipos de crises financeiras. Estas incluem incumprimentos soberanos (quando um governo não pode satisfazer os compromissos de pagamento a que está obrigado pelas suas dívidas externa ou interna, ou ambas); as crises bancárias, como as que o mundo viveu em catadupa no final da primeira década deste milénio, quando uma nação descobre que grande parte da banca se tornou insolvente, depois de perdas pesadas em investimentos, de pânicos bancários, ou ambos; e, por fim, as crises de taxa de câmbio, como as que assolaram a Ásia, a Europa e a América Latina nos anos 90.

Nesta análise quantitativa emerge um padrão. Nas palavras dos autores: «Já aqui estivemos antes. Por muito diferente que pareça sempre o último furor ou crise financeira, há normalmente semelhanças notórias com a experiência passada de outros países e da história. Reconhecer estas analogias e precedentes é um passo essencial para aperfeiçoar o sistema financeiro global, quer reduzindo o risco de crises futuras, quer lidando melhor com as catástrofes, quando elas acontecem».

Iniciação à Exportação
John Westwood
9789896940508 | 192 págs | € 14,90

Está a pensar em exportar?
Precisa de saber mais sobre os primeiros passos a dar?
Já pensou em vender pela Internet?

O comércio internacional não está apenas ao alcance das grandes empresas. Os benefícios da exportação podem ser enormes, mas tem a certeza de que esta atividade se adequa à sua empresa?
Iniciação à Exportação oferece conselhos fiáveis sobre os desafios que poderá enfrentar e é um guia para os primeiros passos vitais, entre os quais:

- decidir se deve exportar
- desenvolver a sua estratégia de exportação
- pesquisar os mercados potenciais
- escolher estratégias de entrada no mercado
- escolher agentes e distribuidores
- estabelecer preços e orçamentos
- transportar os seus produtos
- compreender e gerir os riscos

Este guia prático explica todos os aspetos a ter em conta para que a sua empresa se inicie da melhor forma no negócio da exportação.

TAMBÉM NA ACTUAL

Superequipas. Orientações para as Equipas que Desejam Superar-se
Arménio Rego e Miguel Pina e Cunha
9789896940393 | 200 págs | € 15,00

Ajudamos o leitor a compreender as razões do sucesso das superequipas. Facultamos linhas de orientação para a liderança de equipas que pretendem superar-se. Inspiramo-nos em equipas que fizeram história em domínios como o desporto, a música e as tropas especiais. Argumentamos que o sucesso requer trabalho continuado, perseverança e uma argamassa resiliente que congrega os membros da equipa em torno de uma missão valiosa. Mostramos que equipas competentes requerem algo mais do que pessoas competentes. Explicamos que *estrelas* competentes, cujos egos não são *domesticados*, podem dar origem a equipas sem brilho. Abordamos temas como os seguintes:

• Como avaliar a eficácia das equipas?
• Como se explica o sucesso de equipas como os Beatles, o Barça ou as "tropas especiais"?
• Deverá uma equipa ser "mais do que uma equipa"?
• O que leva Mourinho a afirmar que "a estrela é a equipa"?
• As boas equipas necessitam de boas regras - porquê?
• A liderança de um só líder enfraquecerá a liderança?
• Como liderar eficazmente boas equipas?

Complementos práticos
O livro é acompanhado de dois complementos que podem ajudar o leitor a realizar disgnósticos à sua equipa, ou a outra que pretenda observar. Podem ser descarregados através da ligação disponibilizada na página Linkedin de Arménio Rego.

Capital de Risco
Paulo Caetano
9789896940362 | 144 págs | € 14,00

Uma solução para a atual crise económica e financeira

O capital de risco e o *private equity* conheceram um crescimento significativo nos últimos 25 anos e tornaram-se uma fonte para o reforço dos capitais próprios de empresas motivadas em concretizar estratégias de crescimento.

Especialmente num período de incertezas e de escassez no mercado de dívida, o capital de risco e o *private equity* podem ser parte da solução no contexto económico desfavorável que as empresas atualmente enfrentam, permitindo, também, pela via do contributo para a inovação e para o conhecimento, aportar valor estratégico criando dinâmicas de crescimento.

Com uma vasta experiência no setor e um forte sentido prático, Paulo Caetano explica os riscos e oportunidades desta fonte de financiamento, faz uma análise da evolução do capital de risco em Portugal e na Europa, nas últimas três décadas, e antecipa as grandes tendências para o futuro.